Pour expliquer le judaïsme à mes amis

A la fleur
et aux cinq pétales...

Pour expliquer le judaïsme à mes amis

Son histoire, ses rites, ses défis

Philippe Haddad

In press

IN PRESS ÉDITIONS
Serge et France Perrot, Éditeurs

Je tiens à remercier tout particulièrement pour leur soutien : Mme Ohayon, M. le Dr Boumendil et son épouse, M. Rabbinovitch, M. Rosilio et les membres de la communauté des Ulis.

Philippe Haddad

Pour expliquer le judaïsme à mes amis
ISBN 2-912404-44-4

Conception graphique : Syntexte

▪ Sommaire ▪

Lettre à mes amis

— Où vas-tu Moïse ?

— Cher Isaac, je vais à Strasbourg.

— Tu me dis que tu vas à Strasbourg, pour que je croie que tu vas à Metz, alors que tu vas à Strasbourg. Cher Moïse pourquoi me mens-tu ?

Histoire juive classique.

Chers amis,

Parfois sur la couverture d'un magazine national, le titre « Le judaïsme », ou « Les juifs de France » est placé au-dessus d'une photo représentant quelques orthodoxes en prière ou en étude. Certes, ce judaïsme visuel, sans doute suranné par quelques traits vestimentaires, est une composante active de la communauté, mais depuis que le juif est entré dans la modernité, depuis que les murs du ghetto sont tombés, depuis la Shoah et la proclamation d'indépendance de l'État d'Israël, d'autres formes sont apparues, tout aussi authentiques, tout aussi sincères, tout aussi profondes. Aussi l'équation : « judaïsme = orthodoxie » est-elle trop réductrice.

Mais il faut l'avouer d'emblée, vouloir être objectif en matière de judaïsme tient plus que de la gageure, cela tient de l'utopie. Cette vieille dame de plus de 3500 ans a connu tant d'aventures et de mésaventures spirituelles, tant d'aléas historiques, tant d'exils, tant de douleurs et tant de joie, a fourni tant d'interprétations, tant de livres, tant de sages et tant de fous, tant de définitions identitaires, tant de courants de pensée, qu'il est aujourd'hui impossible de dire : « Voilà le judaïsme ! »

Si vous aviez l'audace d'avancer un tel propos, vous trouveriez immédiatement sur votre chemin un autre juif qui, avec la même foi, la même conviction, les mêmes textes de référence, le même raisonnement logique, vous soutiendrait le contraire. Alors ? Alors je n'aurai pas l'audace de vous dire : « Voilà le judaïsme ! »

Peut-être, il y a quelques années, sorti fraîchement du Séminaire Israélite de France avec mon diplôme de rabbin en poche, j'aurais crié : « C'est lui, il n'y a pas d'autre ». La modestie est née avec les années, mais surtout de la rencontre d'autres hommes, d'autres visions du monde. Ma propre histoire m'a confirmé cela.

*J'ai en effet occupé plusieurs postes rabbiniques, à Marseille, à Nîmes, à Paris, j'exerce actuellement mon sacerdoce aux Ulis (dans l'Essonne). En 1992, j'ai été nommé par le Consistoire Israélite de Paris aumônier de la jeunesse. Ce poste a été une chance pour moi, car j'ai pu travailler avec des mouvements de jeunesse et des associations de toutes obédiences : religieuses, communautaires, sionistes ou non-sionistes, voire athées, ce qui m'a permis de sentir le judaïsme en herbe de demain. Mais mes rencontres n'ont pas été qu'*intra-muros*. Le dialogue interreligieux qui me paraît être un véritable défi de fraternité m'a permis de sortir de ma communauté, de rencontrer d'autres religieux, d'autres histoires, sans compter les échanges fructueux avec des associations laïques dans différentes communes de France.*

Cet avant-propos n'a pas pour but de faire état de mes services, mais de citer mes sources, c'est du sein même de ma propre communauté et du cœur de la cité que j'ai puisé mes enseignements, dans la continuité de ce que j'avais déjà reçu de mes maîtres. L'idée a alors germé en moi d'un ouvrage simple où le judaïsme serait présenté sous différents aspects et répondrait aux attentes d'un auditoire, juif et non-juif, intéressé par la question.

Pour éclairer mes amis lecteurs, j'ai choisi de diviser cet ouvrage en trois parties : l'histoire, la religion et les défis.

La première partie sera historique. Nous ne plongerons pas dans l'érudition. Nous choisirons quelques faits, à nos yeux importants, pour donner une cohérence à cette longue fresque plusieurs fois millénaire. Nous montrerons surtout comment le judaïsme est toujours resté un organisme vivant, travaillé entre sa fidélité religieuse et l'adaptation aux nouvelles donnes sociologiques ou philosophiques. Nous mettrons en exergue les tendances, la diversité d'opinions et la « complexité » de cet organisme, comme l'on dit d'une molécule unique qu'elle est complexe. Cette partie débutera par les Hébreux, pour aboutir à notre temps contemporain. Ensuite nous aborderons l'aspect proprement religieux : les livres, les maîtres, les méthodes, ainsi que les rites dans leur application et leur signification. Il est possible qu'un même sujet apparaisse dans les deux parties, cela signifiera qu'il est aussi important au plan historique qu'au plan religieux. Nous le traiterons évidemment à chaque fois sous l'angle qui convient. En conclusion, seront abordés les défis de la modernité, c'est-à-dire la rencontre de cette histoire particulière et de cette fidélité religieuse avec les questions du présent. Tâche difficile, engageante, mais qui nous tient le plus à cœur. Dans cette dernière partie, nous tenterons de faire le point avec ce judaïsme pluriel en envisageant l'avenir.

On dit dans la Synagogue qu'en chaque juif sommeille un rabbin et un président, un rationaliste et un mystique, un historien et un psychanalyste, un croyant et un contestataire.

Chers amis lectrices et lecteurs, laissez-moi croire que l'écriture de mon « judaïsme » est hautement objective.

Philippe Haddad

première

partie

L'HISTOIRE

CHAPITRE I

Histoire des Hébreux

1- Abraham

L'histoire d'Israël a commencé avec un berger nomade qui se nommait Avram fils de Térah. Né à Haran au nord-est de la Mésopotamie, il s'installa pour des raisons économiques, avec sa femme Saraï et ses parents, à Ur, l'antique capitale de Sumer. Avec ses 300 000 habitants, Ur avait atteint un haut niveau de civilisation développant une agriculture, un artisanat et un commerce importants. Térah était marchand d'idoles ce qui pour l'époque était une fonction honorable et lucrative.

Mais Avram ne pouvait se contenter de ces simples bonheurs terrestres et de ce confort matériel. Sa soif spirituelle l'amena à se poser des questions sur le sens de l'existence et sur la véracité des divinités qu'il côtoyait dans sa maison paternelle. Idolâtre comme son père au début de sa vie, il finit par rejeter le paganisme sumérien. Son génie religieux l'amena à découvrir le Créateur des cieux et de la terre. Cette révélation fut une révolution, pour lui et pour toute la pensée humaine.

La foi d'Avram était fondée sur quelques principes qui allaient changer la perception du divin et donc de l'homme. Tout d'abord, il n'existait qu'un seul et unique Dieu, Père de l'humanité tout entière. Ce monothéisme tranchait nettement avec le polythéisme ambiant. Ce Dieu en étant reconnu comme Père-Créateur ne pouvait être identifié à aucune force de la nature. Contrairement à Anu, Mardouk ou Shémech, les grandes divinités suméro-chaldéennes, ou Rê le dieu solaire égyptien, le Dieu d'Avram était transcendant. Mais le bouleversement produit par le fils de Térah ne s'arrêta pas à cette (re) découverte du monothéisme (les hommes de l'origine, Adam, Seth,..., étaient eux-mêmes monothéistes, selon la Bible), il comprit que le monothéisme était inséparable de la morale. Cette nouvelle croyance impliquait que le religieux ne pouvait être envisagé coupé de la pratique de la justice et de la charité (Gn. XVIII, 19). C'est pourquoi l'on peut parler d'un « monothéisme éthique ». Dieu était transcendant, mais en même temps proche des hommes. Il appelait Ses créatures humaines à achever l'Histoire par la pratique et le respect des valeurs morales, valeurs qui rendaient Dieu présent au monde.

Suite à la destruction d'Ur aux alentours de 1960 av. J.-C., la famille de Térah s'en retourna à Haran avec comme objectif l'installation sur la terre de Canaan, sans doute pour s'éloigner de la cruauté et de la violence des invasions (Gn. XI, 31). Mais la mort de Térah obligea Avram, sa femme Saraï, son neveu Loth et toute leur maisonnée à s'installer sur place. Ce fut le moment choisi par Dieu pour s'adresser au patriarche qui était alors âgé de soixante-quinze ans. Dans un songe nocturne, l'Eternel lui demandait de quitter « son pays, sa ville natale et la maison de son père » pour aller vers un nouveau pays, qui n'était autre que Canaan (Gn. XII, 1). Cet appel divin, qui peut étonner par son ordonnancement, car lorsque quelqu'un part, il s'éloigne chronologiquement de sa ville, de sa région et de son pays, signifiait que notre héros devait abandonner progressivement les valeurs nationales, puis locales et enfin familiales ancrées dans sa personnalité profonde, qui étaient teintées d'idolâtrie. Cette idolâtrie païenne traduisait sa foi par la pire des abominations au plan du monothéisme éthique : le sacrifice des enfants. La marche d'Avram devenait ainsi une marche intérieure.

Ayant traversé l'Euphrate puis le Jourdain, notre personnage fut surnommé *Ivri*, « Hébreu », le « traversant » ou le « passant », que l'on peut rapprocher de « Habirus », ces nomades qui apparurent dans l'ouest de l'Asie vers le quinzième siècle avant l'ère chrétienne. Ce terme *Ivri* prenait ici un sens symbolique, il signifiait que l'Hébreu était un homme de passage, se situant, parfois solitaire, de l'autre côté du paganisme. Mais les berges étant toujours parallèles, le terme impliquait aussi que l'Hébreu restât vigilant face à l'histoire des hommes. Cette dialectique permanente entre particularisme et universalisme est l'une des constantes du monothéisme éthique qui, loin d'être réduit à une simple monolâtrie, souligne que l'humanité tout entière est placée sous le regard divin. Ainsi, Avram était interpellé par Dieu, non pour une simple mission spirituelle personnelle qui l'aurait coupé de ses contemporains, mais pour une vocation sacerdotale universelle : être témoin de ce Dieu de justice et d'amour afin que « soient bénies toutes les familles de la terre » (Gn. XII, 3).

La vie d'Avram ne fut cependant pas de tout repos, il dut subir dix épreuves qui devaient prouver que le choix divin n'était pas arbitraire. Par amour de Dieu, et comprenant que le croyant authentique ne devait attendre aucun miracle du ciel, Avram accepta sans le moindre esprit de rébellion ces moments difficiles. Les seuls doutes qu'il émit furent liés à sa modestie, se demandant parfois s'il était vraiment digne des promesses annoncées.

La plus grande douleur d'Avram et Saraï fut de ne pas avoir de descendant pour continuer de porter le flambeau de leur message, car Saraï était stérile. Certes, notre héros eut un fils, Ismaël de sa servante Agar, mais il aurait aimé avoir un enfant de sa chère femme. Cette attente ne fut pas déçue.

Après avoir pratiqué la circoncision, le seul rite que connaissaient les patriarches, sur lui-même, Ismaël et les gens de sa maison, circoncision qui n'était pas seulement un acte hygiénique, mais qui prenait la dimension religieuse et éthique « d'Alliance », de *Bérith*, le nom d'Avram « Père élevé » fut changé par Dieu en Abraham « Père d'une multitude » de nations, et celui de Saraï « Mes princesses » en Sarah « Princesse », (Gn. XVII). Ce changement de nom signifiait qu'Abraham avait fait le deuil de certaines valeurs idolâtres, qu'il avait abandonné le paganisme.

Alors qu'il était en état de convalescence, il reçut la visite de trois hommes, qui n'étaient autres que des envoyés de Dieu venus lui annoncer la naissance d'un fils. Sarah se mit à rire se demandant comment ses entrailles flétries par l'âge pourraient porter la vie. Pourtant un an après, ce rire de perplexité se transforma en rire de joie quand elle présenta à son mari celui que l'on nomma Isaac « Il rira ».

Quelques années après cette naissance miraculeuse, l'épreuve ultime arriva, nécessaire afin d'asseoir de façon définitive le monothéisme éthique : la « ligature d'Isaac ». Abraham crut entendre Dieu lui demander de sacrifier son fils. Certes, l'Eternel ne demandait pas une chose aussi horrible, mais Abraham, habitué par ses contemporains à de telles pratiques, interpréta ainsi la parole divine, bien qu'il en fût fortement surpris. En réalité, Dieu lui demandait simplement d'élever son fils vers la vie, sur le mont Moriah, future colline du Temple. L'épreuve se jouait là, dans cette ambiguïté de l'interprétation, Abraham devant comprendre que Dieu ne désirait aucunement la mort du rejeton. Tout le sens de sa longue marche prit une dimension lumineuse quand il entendit en son for intérieur une voix du ciel lui dire : « Ne jette pas la main sur l'enfant, car je sais que tu crains Dieu » (Gn. XXII, 12). Abraham n'était pas Cronos, il ne dévora pas son enfant. Le patriarche réalisa là le plus grand miracle que l'homme puisse accomplir ici-bas : aimer et choisir la vie au nom de Dieu. L'hébraïsme était maintenant fondé, l'Histoire pouvait continuer.

2- Isaac

À la mort de Sarah, Abraham acheta la caverne de Makhpéla à Hébron, lieu qui deviendra la sépulture des patriarches et des matriarches (Gn. XXIII, 17). Il devait maintenant s'occuper du mariage de son fils Isaac. Ce fut le serviteur du patriarche qui partit en Mésopotamie pour chercher l'âme-sœur de son jeune maître. Rébecca, sœur de Laban, fut choisie pour ses qualités d'hospitalité et d'amour de l'étranger (Gn. XXIV). Elle devint la deuxième matriarche. Après une longue période de stérilité, elle mit au monde deux jumeaux : Esaü et Jacob (Gn. XXV). Différents dans leur caractère et leur métier – Esaü était un homme des champs et Jacob berger – l'aîné refusa son droit d'aînesse qui impliquait surtout des devoirs moraux et des responsabilités éthiques, et préféra le vendre à son cadet contre un plat de lentilles. Plus tard, Esaü prouva qu'il était indifférent au message abrahamique en épousant des femmes cananéennes, et en introduisant le culte idolâtre à l'intérieur de la maison paternelle, ce qui constituait non seulement une rupture avec les leçons de ses parents, mais aussi un outrage à la mémoire d'Abraham (Gn. XXVI, 34). Cela ne l'empêcha pas de désirer ardemment la bénédiction de son père.

Le vieil Isaac, aveugle et trop naïf pour voir le mal, voulut bénir Esaü, mais Rébecca plus clairvoyante habilla Jacob des vêtements de son frère. Jacob reçut ainsi la bénédiction, qui lui revenait par justice (Gn. XXVII). Constatant la supercherie après coup, Isaac accepta la décision de sa femme comme une décision divine, se disant : « ce que femme veut, Dieu le veut ».

3- Jacob

Jacob dut néanmoins s'enfuir afin d'éviter la colère d'Esaü. S'endormant en chemin sur la colline où quelques années auparavant, Abraham avait ligoté Isaac, Jacob eut le songe d'une échelle tendue entre les cieux et la terre, rêve qui traduisait son désir profond de ne jamais séparer la vie matérielle de la vie spirituelle. Dieu au sommet lui promit sa protection et répéta ce qu'Il avait déjà annoncé aux deux premiers patriarches, à savoir la naissance d'une grande nation et le don de la terre de Canaan comme lieu de la réalisation des promesses (Gn. XXVIII).

Certains s'étonnent encore de la nécessité d'une terre, d'un pays, voire d'un État pour la réalisation d'une destinée spirituelle. A-t-on besoin d'un espace géographique précis pour servir Dieu ? L'amour de Dieu ne peut-il s'exprimer en tout lieu du globe ? En vérité, le projet de Dieu, aussi étonnant que cela puisse paraître, ne consiste pas en l'élaboration d'une sagesse religieuse. Toutes les nations produiront ce type de sagesse à travers leur propre culture et leurs propres sages. Cette donnée est même une évidence pour le monothéisme, du fait que l'homme porte en lui « l'image divine », c'est-à-dire des qualités intrinsèques pour atteindre les hauts sommets de la spiritualité et de l'éthique. La question, qui demeure d'actualité, est de savoir comment les nations, prises dans leur globalité, pourront introduire la morale dans tous les secteurs de la vie sociale et politique. Comment répudier les principes de la force par ceux du droit. « Comment obtenir que la justice qui émerge de la vie sociale à laquelle elle est vaguement intérieure, plane au-dessus d'elle et plus haut que tout, catégorique et transcendante » [1]. Israël, dans cette logique, se doit de posséder une terre pour être confrontée aux problèmes politiques comme toute société, et pour apporter des réponses en fonction du monothéisme éthique. Entre l'abandon du monde pour un au-delà meilleur et la volonté de révéler Dieu ici-bas, l'Hébreu a toujours opté pour la seconde solution, même si elle peut paraître téméraire ou irréalisable. L'utopie s'exprime là. Nous y reviendrons.

Arrivé à Haran, dans sa propre famille, Jacob tomba passionnément amoureux de Rachel, sa cousine. Laban, son futur beau-père, homme fourbe et sans scrupule exploita généreusement ce jeune homme intègre et travailleur, en s'appuyant sur la passion qui l'unissait à sa fille. Après sept années de durs et loyaux services, Laban lui donna en première noce Léa, son aînée, dont le visage fut dissimulé sous un voile épais. Jacob ne se rendit compte du subterfuge que le lendemain. Il travailla néanmoins encore sept ans pour Rachel, sa bien-aimée de toujours (Gn. XXIX). De ses femmes et de leur servante respective qu'il

1. Henri Bergson *Les deux sources de la Morale et de la Religion*. PUF.

épousa aussi pour avoir une belle progéniture, Jacob eut douze enfants qui furent à l'origine des douze tribus d'Israël.

De retour en Canaan après vingt années de séparation, il rencontra près du fleuve Jaboq, un inconnu qui voulut le tuer (à moins que l'épisode ne fût qu'un songe ?). Jacob résista jusqu'au matin et malgré une blessure à la hanche, repoussa l'agresseur qui se révéla être un envoyé de Dieu. Jacob reçut alors le nom d'Israël « Prince de Dieu » (Gn. XXXII, 29).

4- Joseph

Rachel étant morte en mettant au monde Benjamin, Jacob reporta tout son amour sur Joseph, fils aîné de la pauvre défunte. Jacob manifesta publiquement son amour en offrant à Joseph une tunique de couleur. Cela entraîna une grande jalousie de la part des autres enfants, d'autant plus que Joseph se prévalait d'une supériorité sur eux, en leur racontant ses rêves de domination. Lorsque l'occasion se présenta, ses frères le vendirent à des marchands d'esclaves. Joseph se retrouva ainsi en Égypte (Gn. XXXVII).

Après une série de péripéties qui le firent passer de la prison à la vice-royauté de la plus grande civilisation de l'époque, Joseph abandonna son arrogance de jeunesse pour devenir un homme sage, un prophète craignant Dieu et se conduisant selon l'éthique abrahamique. Suite à une famine importante qui s'abattit sur tout le Moyen-Orient, Joseph rencontra de nouveau ses frères qui venaient chercher du blé, qu'il avait judicieusement stocké pour prévenir la disette, grâce à son inspiration prophétique. Après les avoir testés sur leurs sentiments fraternels, ce qu'ils prouvèrent en défendant Benjamin, il leur annonça : « Je suis Joseph votre frère », c'est-à-dire fidèle en fraternité (Gn. XLV, 4). La haine de la veille se transforma en d'émouvantes retrouvailles.

Le vieux Jacob, qui vivait dans un enfer moral depuis la disparition de son fils chéri, sentit son esprit revivre. Il descendit alors avec les membres de sa famille, soit soixante-dix personnes, pour séjourner dans le pays de Goshen (près de Tanis) dans le delta du Nil, le temps que la famine disparaisse.

5- Moïse

Dans un premier temps, la relation entre la famille des Hébreux et le pouvoir pharaonique (sans doute des Hyksos vers -1730) ne posa aucun problème. Mais à la mort de Joseph et de toute sa génération, et surtout après la conquête du pays par un nouveau souverain, la situation se dégrada. Soupçonnée par le nouveau roi d'être inconditionnelle de l'ancien régime, la population hébreue, qui s'était énormément développée, fut réduite à la condition de travailleurs forcés (construction de villes, travaux des champs). Ainsi le nouveau roi oublia tous les bienfaits de Joseph (Ex. I). La phase critique de cette situation fut atteinte quand le pharaon constatant un accroissement continu de la population décida de sacrifier au dieu Nil, tous les nouveau-nés mâles.

Une femme de la tribu de Lévi réussit à protéger son enfant pendant plusieurs semaines, mais devant la vigilance des surveillants, elle confia son rejeton à la grâce du ciel. Caché dans un panier d'osier, qui fut posé sur le fleuve, le bébé fut providentiellement recueilli par la propre fille du pharaon, qui décida d'élever ce nouveau-né comme son propre enfant. Elle lui donna un nom égyptien *Moché* (Moïse) qui signifiait « Sauveur » (de l'eau) (Ex. II, 10).

Éduqué comme un prince, fréquentant les gymnases, les écoles et les temples, Moché restait sensible à la souffrance de ses frères. Après avoir exécuté un soldat trop cruel, mais constatant que les Hébreux se battaient aussi entre eux, le jeune prince décida de s'enfuir dans le pays de Madian, à l'est de l'Égypte. Là, il devint berger et gendre du grand prêtre de la région, Jétro (Ex. III).

Épris de justice et de vérité, Moché rencontra au mont Sinaï (ou mont des Buissons) l'Être tout Puissant, le Dieu des patriarches. À travers une flamme, semblant jaillir d'un arbuste qui ne se consumait pas, la voix divine se fit entendre en Moïse, lui enjoignant de rejoindre son frère Aaron, afin de se rendre ensemble auprès du pharaon et d'obtenir la libération d'Israël.

L'Eternel, ne pouvant agir directement sur la liberté des hommes, envoya neuf plaies ou signes, qui bien qu'interprétables sur le plan rationnel n'en restaient pas moins révélateurs d'une volonté transcendante agissant dans la nature. Devant les refus successifs du souverain, une mort surnaturelle touchant uniquement les premiers-nés autochtones, brisa la résistance du roi qui laissa partir les esclaves après cette dixième frappe. Le peuple d'Israël venait de naître (Ex. XII). Cette libération fut à l'origine de la fête de Pâque *(Pessah)*.

6- La Révélation du Sinaï

La sortie d'Égypte n'était cependant que la première étape de l'émancipation. La libération physique appelait une autre libération, celle de l'esprit. À quoi aurait servi la fin de la servitude, si le peuple ne tirait pas la leçon que tous les hommes créés à l'image de Dieu se devaient respect mutuel ? Il était donc nécessaire de recevoir une loi, qui ne fût pas produite par la conscience humaine, mais révélée par Dieu Lui-même afin d'en supprimer tout caractère relatif. Cette première législation, les Dix Commandements, ne fut pas offerte à un individu unique mais à tout un peuple, formé d'hommes, de femmes, d'enfants, d'Hébreux et de non-Hébreux, tous affranchis, qui entendit dans son for intérieur, la voix de Dieu s'habillant, selon la belle expression du Midrash, de la voix de leur père respectif. Israël devenait témoin et porte-parole de Dieu. « Et vous serez pour Moi une royauté de prêtres et une nation sainte » (Ex. XIX, 6) proclamera l'Eternel en introduction. Le message de Moïse et celui des patriarches étaient par cette rencontre ultime, authentifiés.

Le Décalogue constitue le fondement sur lequel toute la législation d'Israël s'élabore. En introduction, il présente le Dieu Unique, libérateur et garant de la liberté des hommes. Il rappelle que Dieu est créateur des cieux et de la terre, ce qui fonde le respect du septième jour, le Chabath, il souligne également le respect dû aux parents comme référence de la mémoire, il appelle au respect de la vie (tu ne tueras point), à la dignité de chaque être humain, homme ou femme (tu ne commettras point d'adultère), à l'amour de la vérité (interdiction du faux témoignage) et à la vigilance contre la convoitise, source de conflit entre les individus.

Les Tables de la loi ne constituaient pas encore le summum du message divin, et il fallut attendre l'érection du Sanctuaire du désert pour entendre l'impératif de l'amour du prochain : « Tu aimeras ton prochain comme toi-même », et de l'étranger (Lev. XIX), mais elles fondaient une société où le droit de vie de chaque homme était proclamé par le Dieu libérateur. Cette révélation fut à l'origine de la fête de Pentecôte *(Chavouoth)*.

7- La marche du désert

Poursuivant sa route vers la terre des promesses, ce peuple, mi-hébreu mi-païen, imprégné d'idolâtrie, de superstition et d'esprit magique, et qui n'avait connu que le fouet et la peur, révéla ses faiblesses. La faute du veau d'or révéla que les exigences du monothéisme n'étaient pas encore atteintes; la faute des explorateurs et du peuple qui refusa de traverser le Jourdain souligna que le peuple n'était pas prêt à entrer dans l'Histoire (Ex. XXXII, et Nb. XIV). Les prodiges d'Égypte, la traversée miraculeuse de la mer des Joncs, la théophanie du Sinaï ou le miracle quotidien de la manne tombant avec la rosée du matin, avaient impressionné les enfants d'Israël, mais ne les avaient pas transformés en profondeur (les miracles ne transforment jamais les individus, mais anesthésient leur responsabilité). Au final, ce peuple préféra être pris en charge par Dieu, tel un jeune enfant protégé par sa mère ou son père. Il fallut attendre quarante années, le temps qu'une nouvelle génération se levât pour voir enfin germer un vrai sentiment national et une volonté de s'installer sur la terre promise.

Cette marche de quarante ans sous la protection divine fut à l'origine de la fête des Cabanes *(Souccoth)*.

8- L'installation en Canaan

À la mort de Moïse, Josué, son fidèle disciple, prit la tête du peuple et après avoir franchi le Jourdain, circoncit tous les mâles nés dans le désert, montrant que cette installation s'inscrivait bien dans la continuité des promesses faites à Abraham.

À cette époque, l'Égypte, qui avait gouverné jusqu'à présent la région, montrait des signes de déclin, et les peuples cananéens préparaient des alliances militaires avec des tribus du nord pour se débarrasser de la dictature pharaonique (Tablettes de Tell-el-Amarna, -1400). C'est dans cette effervescence politique et militaire, caractéristique de cette période antique, que Josué entama sa conquête[2]. Après avoir conquis la ville de Jéricho, les Hébreux occupèrent le sud, le centre puis le nord du pays, aidés en cela par des Hébreux qui étaient restés dans le pays et qui n'avaient pas suivi Jacob[3].

Bien que des villes fortes se maintinrent ici et là dans le pays, la conquête de Josué permit aux tribus israélites de se partager le territoire. Seule la tribu de Lévi, consacrée au service religieux, ne reçut aucune terre. Cette tribu tirait sa subsistance d'un impôt : la dîme, que le peuple offrait à partir des récoltes et du cheptel.

Le sanctuaire portatif du désert, érigé sous la direction de Moïse, fut installé dans la ville de Silo, seul lieu de culte des Hébreux. C'est là que les sacrifices quotidiens étaient offerts, et que les familles montaient trois fois l'an pour les fêtes de pèlerinage. Josué commença alors à organiser la vie politique et religieuse du pays, tentant de donner une cohésion à ce nouvel État aux douze tribus, mais sa mort entraîna le repli de chacune d'elles autour de leur spécificité. Personne n'ayant plus l'autorité d'un rassembleur, « chacune agit selon sa guise » (Juges XVII, 6).

9- Les Juges

Ce manque de cohésion qui avait fait la force de la génération précédente, entraîna un laisser-aller sur le plan de la croyance, et petit

2. L'idée de conquête militaire est souvent utilisée par les détracteurs d'Israël. Il nous paraît important de comparer ce qui est comparable, de telles critiques sont valables aujourd'hui dans un monde marqué par l'évolution de la pensée humaniste, et c'est de bon droit que nous sommes choqués. Mais dans l'Antiquité, les guerres de conquête étaient courantes. L'idéal de la Torah ne bouscule pas les réalités sociologiques. L'abolition de la polygamie, de l'esclavage ou de la peine de mort ne se réalisera qu'avec le temps.

3. Gn. XXXIV, 25; XLVIII, 22; I Chron. V, 20 et ss.

à petit des idées idolâtres s'introduisirent dans les esprits. Il faut reconnaître que se maintenir au niveau des exigences du monothéisme éthique relevait d'une grande élévation d'âme que l'Hébreu moyen ne possédait pas encore. Aussi, influencées par les cultes cananéens (Baal, Astarté), les familles se laissèrent séduire par un syncrétisme alléchant, sans se rendre compte des incompatibilités théologiques que comportait cette spiritualité hybride. Cette faiblesse sur le plan religieux en traduisait une autre sur le plan politique et militaire, et c'est ainsi que de nombreuses tribus furent soumises à la tutelle des peuplades environnantes, qui attendaient depuis longtemps de se venger de Josué. Ecrasé par le poids de lourds impôts et par l'humiliation, le peuple se tournait alors vers l'Eternel, comme ses ancêtres en Égypte.

Une douzaine de personnages charismatiques et fidèles à la vocation nationale d'Israël, nommés « Juges », se levèrent aux moments critiques, et rassemblant les forces vives de la nation repoussèrent l'ennemi. Certains réussirent même à rééduquer le peuple (Déborah ou Gédéon) aux véritables valeurs abrahamiques et mosaïques. Mais celui qui œuvra le plus pour la solidarité inter-tribale et l'éducation fut sans aucun doute le dernier juge, Samuel, dont l'histoire nous est racontée dans le livre qui porte son nom. La cohésion fut si forte en son temps que le peuple réclama un roi pour sentir son unité.

10- La royauté

Après le court règne de Saül, David fut oint (Messie) par Samuel pour jouer ce rôle d'unificateur. La cérémonie de l'onction (cérémonie messianique) qui concernait le roi et le grand prêtre, ainsi que les ustensiles du sanctuaire, signifiait tout d'abord qu'aux yeux de la communauté ces personnes ou ces objets étaient distingués dans leur fonction.

David (1012-972) fut un chef militaire redoutable. En quelques années, il rallia l'ensemble des tribus et étendit le royaume d'Israël de la Phénicie à l'est aux portes d'Arabie à l'ouest, et de l'Oronte au nord au golfe d'Akaba au sud. S'emparant des dernières places fortes cananéennes, il conquit Jérusalem et en fit la capitale du pays, en y introduisant l'Arche d'alliance (II Sam. V).

Il débarrassa définitivement le pays de toute trace d'idolâtrie et assit fermement le service du Dieu unique. Pour montrer sa dévotion, il organisa le culte avec la tribu de Lévi. Étant lui-même musicien, il composa de très beaux chants, les Psaumes, qui exprimaient la gloire de l'Eternel, la protection divine dans ses épreuves ou ses élans de repentir. Même si sur le plan humain, il commit des fautes condamnables, comme le fait d'avoir envoyé son soldat Ouri au front pour prendre son épouse Bethsabée (l'abus de pouvoir n'épargne personne), le règne davidique marqua l'essor d'Israël sur le plan économique et social.

Avec son fils et successeur, Salomon, *Chlomo*, le peuple connut une véritable ère de paix (I Rois I à X). La sagesse de ce roi fut si grande que l'on venait de l'Orient et de l'Afrique pour le consulter. Salomon était curieux des sciences, des cultures, de l'art. Il composa de nombreuses œuvres littéraires, religieuses, poétiques ou philosophiques, comme le Cantique des cantiques ou l'Ecclésiaste, qui furent par la suite introduits dans la Bible hébraïque, non sans peine d'ailleurs à cause de leur caractère érotique ou pessimiste.

Poursuivant la politique de centralisation de son père, Salomon décida d'élever un sanctuaire majestueux à Jérusalem, en faisant appel à Hyram, roi de Tyr (I Rois V). Ce magnifique édifice traduisait cependant l'ambiguïté du règne salomonien partagé entre la gloire de Dieu et celle du souverain. Cette opulence devint la faille du système. Acceptant des mariages avec des princesses étrangères pour maintenir les bonnes relations internationales, les idées idolâtres réapparurent en Canaan affaiblissant de nouveau les grands principes éthiques du monothéisme. Le Dieu d'Israël n'était plus le Créateur des cieux et de la terre, Père de l'humanité tout entière, il n'était plus qu'un dieu national partageant le panthéon avec d'autres divinités. Le projet originel de faire d'Israël « une royauté de prêtres et une nation sainte » se soldait par un échec.

Peut-être que le pari de Dieu était trop exigeant ? Comment préserver le monothéisme ? Comment enseigner aux nations la justice et la charité ? Comment extirper l'idolâtrie et ses perversions, quand la politique et l'économie poussaient les peuples aux échanges et aux rencontres, et quand le pouvoir était indéniablement source de corruption ? L'équilibre entre particularisme et universalisme était bien trop subtil pour ne pas basculer dans un extrême, ici dans l'assimilation syncrétique.

Ces problèmes furent accentués par des conflits de pouvoir au moment du décès du roi. Toutes ces tensions entraînèrent finalement une perte d'unité religieuse et nationale. À la mort de Salomon, un schisme marqua l'émergence de deux royaumes (I Rois XII et XIII). Si celui du sud ou royaume de Juda – rassemblant les tribus de Juda (la plus importante), Benjamin et celle de Lévi – resta fidèle à l'Eternel et au Temple de Jérusalem, le royaume du nord dit royaume d'Israël ou d'Ephraïm, autour de son nouveau roi Jéroboam, opta pour l'idolâtrie afin de s'attirer les bonnes grâces des grandes puissances de la région.

11- Le royaume d'Israël

Jéroboam était un arriviste sans scrupule qui n'hésita pas à fauter et à détourner le peuple du culte mosaïque, allant jusqu'à élever deux « veaux d'or » qu'il installa à l'extrême nord et l'extrême sud de son royaume (I Rois XII, 28). Privé de la tribu sacerdotale de Lévi, il créa son propre clergé pour répondre aux attentes du peuple. Mais son manque de diplomatie et son orgueil l'aveuglèrent au point que l'unité de ses propres tribus fut grandement fragilisée.

À sa mort, l'anarchie l'aurait emporté, si son successeur Omri n'avait été un homme conciliant et de dialogue (I Rois XVI, 23). Tout en maintenant son indépendance face au royaume de Juda, Omri entretint de bons rapports avec les tribus du sud. Mais devant la montée de la puissante Assyrie, il décida de s'allier avec la Phénicie en mariant son fils aîné Achab à Jézabel, fille du roi de Tyr et prêtresse du dieu Baal (I Rois XVI, 30).

Si sur le plan économique, la période achabéenne fut marquée par une grande prospérité, sur le plan moral et religieux ce fut une véritable catastrophe. Les riches profitaient des pauvres, le culte du dieu Baal, la prostitution sacrée, les sacrifices d'enfants et la sorcellerie refirent leur apparition de plus belle. Achab, qui ne refusait rien à son épouse, aurait pu imposer ses vues à la population, si un homme ne s'était pas dressé sur son chemin : Elie.

Prophète zélé de l'Eternel et thaumaturge redoutable, Elie rejeta toute forme de syncrétisme : « Jusqu'à quand, criera-t-il au peuple, danserez-vous sur deux pieds ? Si l'Eternel est Dieu suivez-le, si c'est Baal, suivez-le » (I Rois XVIII, 21). Il alla jusqu'à provoquer les prêtres du dieu Baal dans une sorte de « duel spirituel » sur le mont Carmel. Bien que le sacrifice fût interdit hors du Temple, Elie transgressa la loi, car l'avenir de la nation était compromis. Alors que l'offrande des prêtres du Baal resta intacte, les animaux d'Elie furent consumés miraculeusement par un feu du ciel. La prise de conscience du peuple fut cependant de courte durée (les miracles ne peuvent changer profondément l'homme, seul le travail de la foi peut le transformer). Apprenant la mort de ses prêtres, la colère de Jézabel fut terrible qui donna l'ordre d'assassiner des centaines de prophètes d'Israël. Elie découragé s'enfuit dans le désert du Sinaï, là où quelques siècles auparavant ses ancêtres avaient reçu les Dix Paroles. Mais cette fois-ci, l'Eternel ne se manifesta pas de façon grandiose, mais à travers « la voix d'un doux silence » (I Rois XIX, 12), comme pour enseigner à Elie la patience. Cette « voix » pouvait aussi symboliser les serviteurs fidèles à Dieu, qui allaient constituer le « reste d'Israël » à partir duquel refleurirait la ferveur religieuse.

Le comble de la tyrannie fut atteint quand Jézabel soudoya deux faux-témoins pour exécuter le malheureux Naboth qui avait refusé de vendre sa vigne au roi. Elie annonça la mort d'Achab, ce qui se réalisa quelques années plus tard lors d'un combat contre les Amoréens.

Le fils d'Achab eut à peine le temps de régner qu'il fut assassiné par Jéhu, un jeune soldat qui avait été oint par Elisée, disciple d'Elie, afin de supprimer les hauts lieux du Baal cananéen. Mais

Jéhu avait bien caché son jeu, sa crainte zélée de l'Eternel, qui avait séduit le disciple fougueux, n'était alimentée que par un désir de pouvoir. Ayant assassiné Jézabel et tous ses enfants, il s'imposa comme un despote sanguinaire et idolâtre, poussant l'audace jusqu'à réintroduire le culte des veaux totémiques. Sa folie trouva sa limite, quand les troupes d'Azaël l'Araméen déferlèrent sur le royaume d'Israël, réduisant sa population en une colonie soumise.

Cette situation humiliante dura jusqu'à l'effondrement du pouvoir araméen. Retrouvant son autonomie nationale, Israël, dirigé à présent par Jéroboam II, l'arrière-petit-fils de Jéhu (env. 783-743 av. J.-C.), se réappropria ses anciennes frontières. Dans un premier temps, un esprit religieux fidèle à la Torah se répandit dans les cœurs, mais très vite le syncrétisme, culte du Dieu des Hébreux/culte des veaux d'or, reprit le dessus. Cette situation bancale engendra une fois de plus, une chute au plan moral. Les riches s'enrichissaient aux dépens des pauvres, les gouvernants étaient tyranniques, et les prêtres eux-mêmes abusaient de leur sacerdoce. Malgré les avertissements du prophète Amos, le repentir ne vint pas. Le peuple ne se rendait pas compte de son infidélité à l'alliance du Sinaï, il se croyait toujours protégé de Dieu. Amos avait beau leur signifier que la protection divine était indissolublement liée à la pratique de la justice et de la droiture, rien n'y fit.

En -738, le roi d'Assyrie Téglath Phalassar III et sa puissante armée s'infiltrèrent par les frontières nord du pays et conquirent tout le royaume d'Ephraïm. Ménahem, roi d'Israël, accepta de se soumettre en payant un lourd tribut. Son successeur Pékah tenta de repousser l'occupant qui exigeait plus que ce que le peuple ne pouvait offrir, il s'allia avec l'Égypte, qui fut de tout temps l'ennemi juré de l'Assyrie. Le prophète Osée prononça de terribles oracles contre les Israélites, car cette alliance avec le pharaon traduisait à ses yeux un manque de confiance en l'Eternel. Israël était coupable d'infidélité. Telle une femme volage, elle abandonnait le foyer conjugal pour se prostituer auprès de ses nombreux amants. Et pourtant, Dieu aimait toujours Israël, n'attendant qu'un retour de sa bien-aimée. Ce retour ne vint pas.

Informé de la conspiration, Téglath Phalassar envahit le pays et déporta plus de la moitié de la population, ne laissant aux rescapés que la petite province de Samarie. Six ans plus tard, Samarie qui entretenait toujours des relations avec l'Égypte fut assiégée et détruite en -722. Le reste des habitants fut emmené en captivité aux fins fonds de l'Assyrie. Perdues dans une nouvelle terre, mélangées à d'autres populations, incapables de se structurer, les dix tribus d'Israël disparurent définitivement de la carte. Il ne resta que le royaume du sud, soit un sixième de la totalité de la nation.

12- Le royaume de Juda

Contrairement à l'agitation politique du royaume d'Ephraïm, le royaume de Juda fut longtemps caractérisé par un calme politique. À la mort de Roboam, Assa (913-873 av. J.-C.) puis Josaphath (873-849) maintinrent solidement le culte du Temple de Jérusalem et préservèrent la pratique du culte. Certes, sous l'influence cananéenne, il arrivait que quelques familles offrissent des sacrifices sur les hauts lieux du dieu Baal, mais dans l'ensemble le peuple restait fidèle à Dieu.

Parmi les grandes réformes de ces deux souverains, il nous paraît important de souligner celle de la séparation entre le pouvoir politique et le pouvoir religieux. Si cette séparation existait *de facto* dans les textes bibliques, il fallut l'opiniâtreté d'un roi fort comme Josaphath pour réaliser cet idéal, évitant ainsi les pièges de la théocratie et la confusion des pouvoirs (II. Chron. XIX). La deuxième action fut éducative, elle consista à développer des réseaux scolaires afin de répandre la Loi de l'Eternel dans le cœur de la population.

Malgré sa ferveur religieuse, Josaphath maria son fils Yoram à Athalie, la fille d'Achab, sans doute par crainte des Araméens et des Assyriens. Cette union eut de fâcheuses conséquences sur la vie spirituelle des Judéens. En effet, fidèles à la conduite tyrannique de sa mère Jézabel, Athalie et ses prêtres réintroduisirent le baalisme dans tout le pays. Ayant converti son mari, elle assassina le reste de la famille royale et proclama sa religion, religion d'État. Tout le travail de Josaphath fut en quelques années réduit à néant.

Le pays ne connaissait à présent que les luttes intestines et les complots de palais. Du massacre de la famille royale, seul Joas, petit-neveu de Yoram, fut épargné. Caché durant six ans dans le Temple, il fut proclamé roi à l'âge de neuf ans par le grand prêtre Yéhoada qui réussit à exécuter Athalie et à réintroduire le culte ancestral d'Israël[4]. Mais son influence ne dura que durant sa vie, car à sa mort, le baalisme reprit le dessus à cause de l'influence de la noblesse et du roi Joas lui-même qui, devant les dangers que faisait planer Azaël, acheta sa survie en offrant les trésors du Temple. Dégoûtés par sa lâcheté, des fidèles de Yéhoada l'assassinèrent.

Après ce nouvel assassinat, l'accalmie politique se prolongea jusqu'au règne d'Ozias (783-742 av. J.-C.) et de son fils Yotam (742-735) ce qui permit à Juda de retrouver sa puissance d'antan.

Avec Achaz (735-727 av. J.-C.), fils de Yotam, cette situation fut remise en cause par la puissante Assyrie qui commençait à s'immiscer dans les affaires intérieures. De leur côté, les royaumes d'Israël et de Syrie faisaient pression sur Achaz pour se coaliser contre l'Assyrie. Comme Juda résistait, ils envahirent le royaume du sud, allant jusqu'à menacer Jérusalem.

Malgré l'intervention du prophète Isaïe qui défendait la thèse de la neutralité et qui annonçait la fin prochaine de Damas et de l'Assyrie, Achaz préféra faire appel au roi assyrien, qui repoussa la coalition syro-israélite, mais qui exigea en échange la soumission de Juda. Cette soumission ne se traduisit pas uniquement par le payement d'un lourd tribut, mais aussi par l'officialisation du culte baalique au sein même du Temple. Le sacrifice humain fut réintroduit, et Achaz alla jusqu'à jeter aux flammes son propre fils au dieu Moloch, laissant à son second fils le trône en héritage.

Contrairement à son père, Ezéchias fut un roi fidèle au Dieu d'Israël. Il réussit à détruire les hauts lieux idolâtres, et développa

4. Cet épisode de la vie du royaume de Juda fut à l'origine de la pièce de Racine.

une politique éducative intense comme celle du roi Josaphath en son temps. Les prophètes Isaïe et Michée furent ses conseillers actifs, ils exhortaient régulièrement le souverain et le peuple à rester fidèles à la Torah, à pratiquer la justice, à se méfier du luxe et de l'imitation des autres peuples païens, car ils craignaient un retour au baalisme pur et dur.

Manassé (696-641 av. J.-C.) succéda à son père Ezéchias. Homme de peu de moralité, ou facilement influençable, il opta pour l'adoration des astres et les sacrifices d'enfants. Il renforça le privilège des riches contre la classe paysanne. Paradoxalement, mais cette période fut remplie de paradoxes, comme on peut le constater, Manassé se disait respectueux du Dieu d'Israël et fidèle au message davidique. Cette attitude étrange nous montre bien que l'idolâtrie était d'abord une perversion du cœur avant d'être une inconduite rituelle.

Après le court règne d'Amon, fils de Manassé, qui prolongea l'hérésie de son père, arriva le temps de Josias. Celui-ci bénéficiant du déclin militaire de l'Assyrie, en profita pour étendre son royaume jusqu'aux frontières de l'ancien royaume du Nord. Vers -620, Josias entama une grande réforme religieuse qui se traduisit par une alliance solennelle avec le Dieu d'Israël. Cela ne signifiait pas pour autant que l'idolâtrie ou que la superstition furent extirpées des cœurs. La majorité du peuple continuait à croire que les sacrifices étaient plus importants que la pratique de la justice, ou que le coffret de l'Arche d'alliance possédait des propriétés magiques pour détruire les ennemis ou pour effacer les transgressions. Un prophète comme Jérémie contribua grandement par ses sermons à combattre ces fausses idées.

Sur le plan international, la chute de l'empire assyrien (609 av. J.-C.) entraîna un violent conflit entre l'Égypte et la Babylonie, chaque nation essayant d'occuper la place laissée vacante. Josias refusant la neutralité s'associa à Babylone. Tentant de barrer la route aux armées égyptiennes qui montaient vers le nord-est, Josias subit une cuisante défaite à Méguido en -608. Le souverain fut retrouvé mort sur le champ de bataille. Cette défaite et cette disparition, succédant aux réformes religieuses, engendrèrent un profond découragement moral chez les Judéens. Pour eux, Dieu avait été injuste. Malgré les arguments de Jérémie sur la responsabilité individuelle (chap. XXXI), rien n'y fit.

Le fils de Josias, Joachaz imprégné de ce scepticisme, laissa toutes sortes de cultes (égyptiens, assyriens, cananéens) submerger le pays. Sur le plan politique Juda avait perdu son indépendance, et passa sous la tutelle de Nécco, le pharaon d'Égypte. Celui-ci voyant en Joachaz un traître à sa cause l'exila en Égypte, et plaça Joakim, son jeune frère, sur le trône. L'arrivée de Nabuchodonosor à la tête de la Babylonie mit fin au rêve tutélaire de l'Égypte.

En -597, les troupes babyloniennes assiégèrent Jérusalem et déportèrent le gros des troupes judéennes ainsi que Joakin, fils de Joakim, et une bonne partie de la noblesse. Nabuchodonosor mit alors Sédécias, l'oncle de Joakin, à la tête du pays. Celui-ci aurait dû écouter les conseils du vieux Jérémie qui une fois de plus conseillait la neutralité politique et la confiance en Dieu. Mais les faux-prophètes, manipulés par des conseillers égyptiens, tenaient le discours inverse. Sédécias se révolta. Mal lui en prit, car Nabuchodonosor renforça son pouvoir militaire et après un siège de deux ans, détruisit Jérusalem, livrant le Temple de Salomon aux flammes. Ce fut le 9 du mois d'av, en -586.

Nabuchodonosor nomma Guédaliah fils d'Ahikam gouverneur de la province dévastée, mais le coup de grâce fut donné quand un extrémiste nationaliste assassina Guédaliah (cet assassinat est encore commémoré par le jeûne du 3 tichri, le lendemain du Nouvel An juif). Ce crime engendra une déportation massive de la population judéenne, seules quelques familles disséminées purent rester dans le pays. Ainsi s'achevait la période antique des Hébreux.

Pourtant, comme l'Histoire le prouvera par la suite, cette chute ne fut pas suivie d'une disparition totale d'Israël, comme ce fut le cas avec le royaume d'Ephraïm. L'exil fut ici le creuset d'une résurrection. Privés des paysages de Judée, assujettis au pouvoir babylonien, les Judéens ou Juifs (c'est ainsi qu'il faut les appeler maintenant) surent s'organiser et redécouvrirent la foi de leurs ancêtres. Le judaïsme allait naître.

CHAPITRE 2

Le prophétisme

1- Introduction

Il n'est pas possible de comprendre la pensée hébraïque, sans comprendre le prophétisme. Le postulat de cette réalité était : Dieu parle aux hommes. Pour le croyant, ce phénomène universel s'étendit sur une durée de deux mille ans avant de s'éteindre dans sa massivité avec la destruction du Temple de Salomon. Ainsi, les peuples en général, et Israël en particulier, furent inspirés par une Parole en référence à une transcendance.

Les prophètes, les devins et autres augures occupaient le centre de la scène publique, politique et sociale. Ce que le moderne appelle mythes ou légendes n'est pour l'homme de foi que la trace, aujourd'hui hermétique, de ce qui tissait l'existence de ces hommes de l'antiquité et qui donnait sens à leur vie. Certes, dans ces temps où le religieux emplissait la totalité des esprits et où la science était au stade des balbutiements, il était difficile de distinguer ce qui était de l'ordre de la raison et ce qui était de l'ordre de l'affectif, mais faire abstraction de cette réalité fausserait totalement la compréhension de l'époque.

Qui étaient ces inspirés, bien plus nombreux que les quelque vingt mentionnés dans la Bible, et quel rôle jouèrent-ils en Israël, et quelle fut la teneur de leur propos ?

2- Les hommes de la mémoire

Bien que le Talmud considère les Juges (entre la mort de Josué jusqu'à Samuel) comme les premiers prophètes, l'on peut dire que cette fonction prit son sens plein au moment où la royauté fut proclamée en Israël, c'est-à-dire à l'époque de Samuel. Certes, Abraham fut reconnu comme prophète (Gn. XVII, 5), Myriam également (Ex. XV, 20), Moïse fut sans doute le plus grand (Deut. XXXIV, 10), mais à ce stade, le peuple n'était pas encore né, en tout cas il n'avait pas terminé sa gestation. Il possédait la Loi, mais non la terre pour concrétiser sa mission.

Avec la proclamation de la royauté davidique, puis après le schisme de Jéroboam, les prophètes devinrent les conseillers des souverains, des sages qui possédaient une vision plus éclairée de l'Histoire et qui s'opposèrent aux abus de pouvoir quand les rois, les juges, les prêtres ou le peuple commettaient des actes immoraux. On peut dire qu'ils représentaient un contre-pouvoir.

Il est important de souligner cet aspect des choses, car il caractérise à notre sens la spécificité du prophétisme hébraïque. Les prophètes n'étaient pas d'abord des devins, voire des thaumaturges, même si des hommes comme Elie ou Elisée utilisèrent les miracles pour appuyer leurs discours. Quand bien même annonçaient-ils des catastrophes imminentes ou eschatologiques, les prophètes étaient avant tout des hommes de la mémoire, de la fidélité à l'Alliance du Sinaï, qui rappelaient sans arrêt à Israël sa vocation sacerdotale : « Vous êtes mes témoins, oracle de l'Eternel » (Isaïe XLIII, 10). Pour les prophètes, cette vocation sacerdotale devait s'exprimer à travers une foi inébranlable en Dieu, Créateur des cieux et de la terre, et Père de l'humanité tout entière. Cette foi n'était pas béate et passive, elle devait s'exprimer à travers la pratique des commandements, des *mitsvoth* dans le respect de l'éthique abrahamique. Les nations aussi étaient interpellées, car la justice, la vérité et la paix étaient des valeurs universelles et non le projet exclusif d'Israël (Zacharie VIII). Sans être des théologiens, les prophètes avaient une conception d'un Dieu, présent de l'Histoire qui appelait les hommes et les peuples à achever son œuvre créationnelle par un comportement moral.

3- Les premiers commentateurs

Les prophètes furent aussi les premiers commentateurs de la Torah. Ils n'innovèrent pas en matière rituelle. Moïse ayant été déclaré le plus grand de tous, il était impensable d'ajouter ou de retrancher à ses propos. Par contre, ils donnèrent sens au rite. Certes, tous les commandements cérémoniels avaient pour fonction de rappeler la sortie d'Égypte, la révélation du Sinaï et la protection miraculeuse durant les quarante années du désert, et de manière plus large, le rite devait activer la conscience religieuse, mais les prophètes soulignèrent que Dieu attendait plus qu'une simple gestuelle sans âme.

Israël devait être avant tout à la hauteur de sa naissance miraculeuse. Par sa libération du pays d'Égypte, il perdait ses droits à disposer librement de sa destinée et se devait de se soumettre aux devoirs moraux catégoriques émanant de la volonté suprême du Créateur-Libérateur. Cette liberté impliquait une soumission totale à la loi juste révélée. C'est pourquoi, si le rite ne débouchait pas sur un engagement citoyen, si la relation verticale était coupée de l'horizontalité des relations humaines, il n'avait aucune valeur. Pire il était haïssable aux yeux du Très Haut. Relisons ce magnifique chapitre LVIII d'Isaïe pour qui le jeûne de Kippour n'a de sens que s'il conduit à s'occuper du pauvre. En d'autres termes, morale et religion étaient inséparables.

Alors que le paganisme était marqué par l'adoration des forces de la nature et donc de l'instinct (sexuel ou de domination), les prophètes se recommandaient d'un Dieu qui tout en ayant créé la nature, rappelait que son culte restait lié à la pratique de la charité et de la justice. Forts de cette conception, ces inspirés ne pouvaient se taire devant l'injustice, la méchanceté ou l'exploitation des classes défavorisées, quitte à être battus, emprisonnés ou même exécutés. « Le Dieu saint est sanctifié par la justice » proclame Isaïe (V, 16), verset qui sera repris plus tard par la Synagogue dans la liturgie du Nouvel An. Cette conception de la « sainteté » était originale. Elle ne renvoyait plus au rejet du monde, mais à un aménagement de celui-ci à travers une conduite éthique.

L'on peut penser que de telles expressions avaient de quoi choquer les contemporains idolâtres d'Isaïe. En effet pour ces derniers si la nature était divine, si l'instinct aveugle traduisait la volonté des dieux, alors seule une vie « naturelle » avec tous ses débordements pouvait le mieux exprimer le service des divinités. Le sacrifice des bébés, la débauche sexuelle étaient ainsi justifiés. Or voilà que des hommes annonçaient, à qui voulait l'entendre, que la nature devait être gérée, que l'instinct devait être canalisé, non pour être abolis, mais pour être véritablement mis au service de Dieu, ce qui signifiait simultanément au service de l'Homme.

Dès l'instant où le Dieu créateur des cieux et de la terre exigeait la justice, cette exigence ne pouvait connaître de frontières, et s'imposait donc à toutes les familles de la terre, en tout lieu et en tout temps. Le « Recherchez la justice, protégez l'indigent, accordez le droit à l'orphelin, défendez la veuve » (Isaïe I, 17), ou le « Délivrez l'opprimé du joug de l'oppresseur » (Jérémie XXI, 12) ne s'adressaient pas au seul peuple d'Israël. Pour les prophètes, la souffrance était la souffrance partout, l'injustice était l'injustice partout, et la charité était la charité partout. Quand l'Eternel s'adressa à Jonas (I, 2), lui demandant d'aller prophétiser à Ninive, capitale de l'Assyrie, pourtant ennemi juré d'Israël, Il justifia cette mission par le fait que la méchanceté était à son comble. Et quand Dieu pardonna, Il le fit non parce que les habitants se convertirent au judaïsme, mais bien parce qu'ils avaient amélioré leur conduite, abandonnant la violence et la rapine.

Les prophètes savaient que le monde créé par Dieu n'était pas parfait, la richesse, l'intelligence, la force n'étaient pas réparties de façon équitable, et que ce déséquilibre était la source des conflits, de l'exploitation des plus faibles. Ils ne se découragèrent pas pour autant, le monde imparfait étant à leurs yeux toujours perfectible.

4- Foi et loi

Dans cette logique, les prophètes ne pouvaient opposer loi et foi, le second terme se réalisant par la pratique du premier. La foi s'alimentait de la parole de Dieu, et obligeait l'homme à s'investir dans le monde. La foi était action. Elle n'était pas seulement dans le cœur, mais aussi au bout des doigts. Ce rapport étroit entre loi et foi était révélateur de leur philosophie de l'Histoire. Pour eux, la fatalité n'existait pas. Si les déterminismes naturels (sociaux, psychologiques, instinctifs...) se manifestaient ici-bas, comme la trace de la volonté divine, cela ne signifiait aucunement que l'avenir était écrit. Le principe de causalité n'annulait pas la liberté de faire le bien ou le mal (Amos III). Ainsi, quand le prophète annonçait une catastrophe, il n'affirmait pas qu'elle était inévitable, mais qu'elle pouvait arriver, si les hommes ne se ressaisissaient pas à temps (Amos VII, Jonas).

Le prophète ne voyait pas l'avenir d'un point futur, mais du présent de la situation, à l'instar d'un conducteur de locomotive avant le passage d'un aiguillage. Le futur n'était pas irrémédiable, il était de l'ordre du possible. La question de l'omniscience et de la prescience de Dieu n'était pas une question pour ces hommes pragmatiques, car Dieu et l'homme cheminaient ensemble. Tel était le sens de la parole annoncée à Moïse « Je serai ce que Je serai », à entendre comme « Je serai selon la place que vous m'accorderez ». Les hommes « créaient » Dieu en fonction de leur liberté.

Cette vision du temps impliquait que Dieu n'était pas le maître de l'Histoire, au sens de maître du temps et des événements. Même s'il s'était manifesté en Égypte par dix plaies ou par l'ouverture de la Mer rouge, il était essentiellement le Dieu universel de la vertu. Les miracles réalisés pour la première génération n'avaient qu'un but : marquer la mémoire d'Israël. D'ailleurs, ces manifestations grandioses n'empêchèrent pas la rébellion ou les doutes du peuple.

La véritable permanence divine était son amour de la justice, de l'équité et de la paix, telle était « Son éternité qui ne ment jamais » (I Samuel XV, 29). Cela signifiait qu'Israël n'était pas puni par Dieu, la génération du déluge ne fut pas punie par Dieu,

Pharaon ne fut pas frappé par l'Eternel, les méchants étaient frappés par leur propre méchanceté, par l'immoralité qu'ils engendraient, par le refus de gérer la bénédiction divine, par ce décalage existentiel d'avec l'éthique absolue. Dieu donnait la vie et la bénédiction, les hommes choisissaient la folie et la mort. L'Histoire était écrite par les hommes et uniquement par eux. Dieu offrait la vie et sa Parole, pour le reste Il marchait au rythme de ses créatures, comme dans un mariage cosmique, pour le meilleur et pour le pire.

Dès lors, la question des prophètes, celle dont dépendait le parachèvement du monde, était de savoir comment rendre présent un Dieu qui dès l'origine s'était volontairement caché pour laisser la place à l'homme ? Comment rendre évident à la conscience que l'univers n'était pas le fruit du hasard, de forces aveugles, ou de puissances occultes ? Comment penser un Dieu proche des hommes alors qu'Il était en même temps si inaccessible ? La réponse dépendait essentiellement des héros de la vertu, ces justes d'Israël ou des nations comparables à des phares de l'humanité. Sans ces acteurs, l'histoire risquait sans arrêt de retourner au tohu-bohu. Finalement, tous les prophètes prononcèrent le même discours, seul le ton variait, comme dans un orchestre où chaque musicien joue d'un instrument spécifique. Ils s'adaptèrent aux contingences du moment, mais dans une fidélité cohérente.

5- Des fanatiques ?

On a parfois présenté les prophètes comme des fanatiques ou des mystiques illuminés, qui usaient de propos incendiaires à l'encontre de leurs contemporains. Il nous faut nuancer le propos.

Les prophètes vécurent dans un monde où la violence était une donnée de la société antique. Les guerres, les conquêtes, l'esprit de revanche, les intrigues de palais étaient des réalités permanentes. Tout inspirés qu'ils furent, certains ne purent se départir de cette brutalité. À leurs yeux, le sacrifice de centaines d'enfants innocents offerts en grandes pompes au dieu Moloch, ou les hauts lieux du dieu Baal, où les prostituées sacrées détournaient le peuple de sa foi ancestrale, étaient non seulement une infidélité au Dieu d'Israël, une abomination, mais conséquemment étaient la cause de la chute morale du peuple.

Les Prophètes auraient pu proposer une fuite à quelques initiés, comme plus tard les Esséniens, mais il s'agissait de sauver le message abrahamique, nous pourrions même dire sauver le projet de Dieu, sauver l'utopie de Dieu qui avait misé sur la collectivité d'Israël pour se faire connaître aux yeux des nations. C'est pourquoi il nous paraît restrictif de présenter les prophètes comme des mystiques, fuyant les villes et leurs dépravations, même si parfois, par leur sensibilité exacerbée, ils ressentaient en leur for intérieur les douleurs du monde. Ils furent encore moins des gourous avant l'heure, détournant la jeunesse de ses devoirs de citoyens. Au contraire, ils vécurent au centre de la cité, témoins vigilants et militants engagés. Certes, ils devaient nécessairement vivre une existence conforme à la Torah pour affiner leur esprit, et pouvoir être saisis par le flux de la parole divine, mais au fond jamais la tradition écrite ne garda le récit de leur cheminement spirituel, seuls comptaient leurs oracles, concrets, réalistes, parfois cinglants, ne révélant rien de l'essence de Dieu, mais rappelant sans cesse la responsabilité de l'homme dans l'édification d'une société fondée sur la justice, la vérité et la paix. De ce point de vue leur message reste d'une actualité brûlante.

Il faut reconnaître que le visage qu'ils présentèrent de Dieu était parfois celui de la vengeance (Nahum I) ou de la querelle, mais c'était leur manière à eux de réveiller les consciences endormies, leur pédagogie quand ils constataient que le peuple se désintéressait de sa vocation. Mais juste après, ils savaient révéler le Dieu d'amour, le Dieu miséricordieux, matriciel longanime, ce Dieu qui allait jusqu'à implorer son peuple, comme un Père triste de voir son enfant l'abandonner (Osée).

6- Le messianisme

Le messianisme. À travers ce mot teinté, par son écriture en « isme », de modernité, se dessine une vision grandiose, une utopie et qui fut à nos yeux l'une des plus grandes inventions du prophétisme. Pourquoi lutter pour la justice ? Pourquoi lutter contre les cultes sanguinaires ? Pour construire un monde meilleur. Si cette conception d'une humanité réussie se dessine dans la foi d'Abraham, dans la loi de Moïse, la description de cette réalité ultime fut cependant l'apanage des prophètes.

Cette utopie était d'abord, il ne faut pas l'oublier, l'indépendance d'Israël sur sa terre, indépendance politique et économique, et c'est pourquoi les messies (*machiah* = oint) étaient avant tout le grand prêtre et le roi. La fonction du messie n'était pas de transfigurer la réalité, mais de maintenir ou de restaurer la souveraineté d'Israël sur sa terre, afin qu'elle accomplisse sa vocation sacerdotale.

Au fond, c'est ce qu'exprimera le mieux Maïmonide, ce grand maître du XIIe siècle. Quelques siècles auparavant, rabbi Aquiba soutint la révolte de Bar Kohba contre Rome (vers 135 après J.-C.), non parce que ce dernier présentait des signes de grande piété, mais parce qu'il combattait pour l'indépendance nationale. L'on peut même avancer que ce qui donna du crédit à Jésus aux yeux de ses contemporains, fut son nationalisme. Et l'on peut comprendre dans cette logique que la majorité du peuple juif dans notre temps contemporain ait perçu intuitivement le sionisme comme une forme de messianisme sans messie.

Dans cette logique, le bonheur était pour les prophètes d'abord un bonheur terrestre, jamais ils ne décrivent les félicités éternelles attachées à l'au-delà. L'humanité réalisée était un monde normal, un monde tel que les enfants peuvent en rêver. Dans une célèbre vision, Zacharie (VIII) décrit la future Jérusalem reconstruite : les vieillards sont assis, les enfants jouent, la justice et la paix règnent sereinement dans ses murs. Cette vision faisant appel à des images de l'expérience humaine, réveillait les espoirs naturels comme une belle vieillesse, une heureuse descendance.

En fait au plan de la foi pure, cette approche traduisait la plus grande utopie qui puisse être, bien plus grande que celle qui consistait à croire en un paradis céleste. Promettre le bonheur dans une autre dimension, n'était-ce pas déjà désespérer de l'homme créé à l'image de Dieu ? N'était-ce pas annoncer que le projet divin était un échec ? Que la terre n'avait finalement aucune valeur et que le tragique l'emporterait sur l'espérance ? La croyance des prophètes puisait dans cette foi que Dieu avait placée dans sa propre création, dans l'optimisme d'une humanité à la mesure de Dieu. Ici-bas, dans l'Histoire, la réussite était possible. Malgré la violence, malgré les guerres, malgré les folies barbares, la vérité germerait un jour de la terre. Le judaïsme authentique ne se départit jamais de cette vision, même si la religion populaire avait besoin d'un enfer et d'un paradis, comme d'un bâton et d'une carotte. Finalement, cette religion « charnelle » des prophètes était hautement spirituelle. Elle s'opposait à la fatalité et au hasard, elle exigeait continuellement et inlassablement une vigilance permanente, et l'effort héroïque de l'accomplissement de la vertu.

Mais par-delà, la réussite d'Israël, c'était l'humanité tout entière qui était interpellée à vivre cette « fin des jours » dans la paix et l'équité. La religion universelle s'exprimait par exemple dans le propos d'Isaïe (XI, 9) qui prédisait : « la terre sera emplie de la connaissance de l'Eternel, comme le fond des mers par les eaux qui le recouvrent ». Cette connaissance de Dieu impliquait la proclamation du monothéisme éthique, sans pour autant obliger une conversion des peuples au judaïsme. À la limite, c'est Israël qui ayant accompli son rôle de pionnier se trouvait placé sur le même pied d'égalité que les autres nations, parfois même cité en troisième position, derrière l'Égypte et l'Assyrie comme dans cet autre passage d'Isaïe (XIX, 25) : « Bénis soient mon peuple d'Égypte, l'Assyrie œuvre de mes mains, Israël mon bien propre ».

Éclairés par un esprit de justice, les peuples comprendront alors les douleurs qu'endura Israël, comparé à un serviteur souffrant (Isaïe XL). En ces temps bénis, la prophétie sera alors offerte aux enfants et aux serviteurs : « Après cela, Je répandrai mon esprit sur toute chair, si bien que vos fils et vos filles prophétiseront, que vos vieillards songeront des songes, et que vos jeunes gens verront des visions. Même sur les esclaves et les servantes Je répandrai en ces jours mon esprit. » (Joël III, 1 et 2). La violence aura disparu de la terre et « le loup dormira avec l'agneau » (Isaïe XI, 6). Enfin le conflit des générations entre les pères et les fils, entre les anciens et les modernes, sera résolu par la venue d'Elie qui annoncera le jour grand et redoutable, « le jour de l'Eternel » (Malachie III, 23).

Le Messie était-il une figure emblématique chez les prophètes ? Oui, le Messie restait un homme de chair et de sang, un descendant de David, « le germe » (Zacharie III, 8). Mais à la lecture de l'ensemble des prophètes, sa figure reste secondaire devant la réalité d'une humanité transfigurée. La raison de cette secondarisation est simple à comprendre : la venue du Messie ne conditionne pas la réussite de l'Histoire. Au contraire, c'est la réussite de l'Histoire, c'est-à-dire, la capacité des hommes à s'assumer dans la fraternité, qui conditionne la venue du rejeton de David.

Utopie écrivions-nous plus haut, sans aucun doute ! Il fallait croire par-delà les vicissitudes du moment, au Dieu Créateur de l'homme, il fallait croire que l'image divine posée dans sa créature triompherait du mal, il fallait croire que la vie serait plus forte que la mort et que la sagesse l'emporterait sur la folie. Pour les prophètes, la confiance en Dieu était inséparable de cette confiance en l'Homme, car pour l'Hébreu elle exprimait les deux versants d'une même foi. Les promesses n'étaient plus seulement un rêve d'enfant, mais un monde à l'échelle de l'espérance de Dieu Lui-même. Tel fut globalement le message que les derniers hommes de Dieu transmirent à l'humanité, avant l'exil des hommes, et « l'exil de la parole ».

CHAPITRE 3

Du retour à l'indépendance

1- Partir ou rester ?

La religion mosaïque aurait pu disparaître comme ce fut le cas deux siècles plus tôt pour les dix tribus du Nord. Tous les ingrédients étaient en effet réunis : les exilés avaient perdu l'hébreu et la pratique régulière des rites, les mariages exogamiques étaient légion ; de plus le Temple, lieu de rassemblement trisannuel, ne pouvait être reconstruit en dehors de Jérusalem ; seuls quelques érudits tentaient de maintenir la petite flamme allumée.

Pourtant comme souvent dans l'histoire juive, une série d'événements permirent au judaïsme de naître, alors que l'hébraïsme s'éteignait. Tout d'abord la Babylonie fut vaincue par la Perse. Cyrus pour montrer sa magnanimité autorisa les juifs à retourner sur leur terre ancestrale (Édit de -538). Ce geste fut si bien accueilli que les prophètes parlèrent de Cyrus comme d'un messie, l'oint de l'Eternel (Isaïe XLV, 1). Près de 50 000 âmes prirent le chemin du retour avec Zorobabel de la maison de David et le grand prêtre Josué. Sous les encouragements des derniers prophètes Zacharie et Malachie, le Temple, bien plus modeste que celui de Salomon, s'éleva lentement du sol, malgré l'hostilité des Samaritains, population installée par Nabuchodonosor, et qui sentaient leur indépendance diminuée. Cependant, malgré l'édit royal, tous les juifs ne quittèrent pas l'ex-Babylonie, seuls les plus pauvres, ceux qui en fait n'abandonnaient rien et ceux qui avaient gardé la foi dans le retour, décidèrent de rejoindre la terre promise.

Nous touchons là l'un des aspects essentiels de l'histoire juive, une sorte d'invariant mathématique, à savoir la dialectique Israël/Diaspora. Ce rejet du retour choisi plus ou moins délibérément par l'élite intellectuelle, religieuse ainsi que par une bonne partie de la bourgeoisie juive fut à l'origine de cette fracture, sans doute à jamais irréversible. Comment expliquer cette attitude ? Le sentiment national s'était-il éteint en une ou deux générations ? L'on peut avancer que l'aisance matérielle, ajoutée à l'enseignement des sages qui avaient trouvé dans la synagogue et l'étude un substitut au culte jérusalémite, furent la cause de cette rupture.

Bien sûr, comme nous l'avons dit le judaïsme de Perse était encore fragile, mais ceux qui tenaient bon dans leur foi et dans leur pratique étaient persuadés de rester vivants hors de Judée. Cette même attitude, caractéristique du judaïsme babylonien, se retrouvera dans les milieux piétistes du XVIIIe siècle à nos jours, qui resteront fidèles à la prière et l'étude, quels que soient les changements sociologiques et historiques. Cette conduite de fidélité religieuse, coupée d'aspirations nationales, engendra petit à petit la conception nouvelle d'un Messie miraculeux qui, à l'instar de Moïse, produirait de grands miracles pour sauver Israël.

En Babylonie, la notion de nation glissa progressivement vers celle de communauté. Le pouvoir perse se rendit compte de l'intérêt économique qu'il pouvait tirer de ce développement communautaire dans l'ensemble de son royaume, aussi encouragea-t-il les juifs à conserver leurs institutions et leur culte. Certains occupèrent des postes importants comme Daniel qui, à l'instar de Joseph, devint un sage de cour. Le récit d'Esther date également de cette même période, et l'on peut comprendre que l'opulence de ces « étrangers » judéens ait pu susciter la jalousie de hauts dignitaires perses comme Aman.

2- Les réformes d'Ezra

Malgré la prospérité qu'il aurait pu trouver en Perse, un homme, comparé à Moïse dans le Talmud[5], considéra que le peuple juif devait retrouver sa terre et son Temple; son nom? Ezra le scribe.

Mandaté par Artaxerxès Ier qui lui donnait de larges pouvoirs, Ezra arriva à Jérusalem vers 458 av. J.-C., bien décidé à relever le niveau religieux de ses coreligionnaires. Le livre des Hagiographes qui porte son nom, nous décrit l'état des lieux à son arrivée : une communauté inexistante, une économie en désolation, et la religion mosaïque devenue un pieux souvenir. Rejoint en -444 par Néhémie, un notable juif attaché au service d'Artaxerxès, Ezra lut lors du Nouvel An juif des extraits de la Torah, en présence de traducteurs professionnels, car les Judéens ne comprenaient plus l'hébreu. Suite à cette cérémonie, les représentants du peuple s'engagèrent à respecter les commandements divins, notamment le Chabath, et à ne plus contracter de mariages exogamiques. Ainsi renforcé, Ezra put commencer sa réforme.

La société hébraïque reposait sur quatre pouvoirs : la monarchie ou l'espace politique, le Sanhédrin ou l'espace législatif, le Temple ou l'espace religieux et le prophétisme ou l'espace de mémoire. Ezra opta pour un changement de système. Il refusa tout d'abord la monarchie. Il y eut bien, comme nous l'avons dit, une tentative de royauté avec Zorobabel, mais elle fut infructueuse, et implosa d'elle-même. Et puis cette option n'était pas un impératif biblique, mais une possibilité contingente qui appelait, si elle était acceptée par le peuple, des droits et des devoirs pour les gouvernants. Le Sanhédrin changea de nom et fut rebaptisé : « Grande Assemblée ».

5. Traité - Grand Tribunal - *Sanhédrin* 21a.

Ezra décentralisa ensuite l'espace du culte. En effet, à côté du sanctuaire de Jérusalem, la synagogue, héritage du judaïsme babylonien, rassemblait les fidèles le Chabath et les fêtes pour la lecture de la Torah traduite et commentée par les scribes[6].

Par cette action, l'image du prophète et du prêtre s'estompa progressivement pour laisser apparaître celle du sage, au point que le Talmud affirma quelques siècles plus tard : « Le sage est supérieur au prophète » [7].

Le peuple était éduqué, des écoles furent ouvertes dans tout le pays, les maîtres attiraient des élèves nombreux. Ezra réussit là où les prophètes avaient échoué. Sans doute la nation avait plus besoin d'une attention particulière que d'exhortations cinglantes. L'homme est ainsi fait ! L'on peut dire que c'est à cette époque que naît véritablement « le peuple du Livre » et de son interprétation spécifiquement juive, le canon biblique avec ses vingt-quatre ouvrages étant alors définitivement clos.

Si le principe d'une tradition orale remontait à Moïse lui-même, avec Ezra l'interprétation devint une institution. Écoutons ce texte introductif au traité talmudique, *Avoth*, « Pères ».

« *Moïse reçut la Torah au Sinaï et la transmit à Josué, Josué aux Anciens, les Anciens aux Prophètes, les Prophètes aux hommes de la Grande Assemblée. Ces derniers disaient : Soyez vigilants dans le jugement, formez de nombreux élèves, placez des barrières autour de la Torah.* »

Dès lors les maîtres ne sont plus de simples courroies de transmission, ils prennent des initiatives pour la perpétuation du judaïsme. La loi du Talion qui était source d'équivoque est définitivement arrachée de son sens obvie, pour être remplacée par le dédommagement en argent. Le Chabath entendu par certains comme un jour où il était interdit de sortir de chez soi, devenait celui où l'on se rendait à l'office. L'exigence des deux témoins traditionnels

6. La lecture se faisait sur la place du marché, le lundi et le jeudi. Cette pratique est conservée jusqu'à nos jours dans les synagogues. Ezra rapporta également l'écriture assyrienne et garda le nom des mois babyloniens toujours usités dans le calendrier juif.

7. Traité - Dernière Porte - *Baba Batra* 12b.

pour confirmer tout acte civil ou religieux était assouplie dans le cas où un mari avait disparu, un seul témoin se prononçant par ouï-dire suffisait ici à libérer la femme de son lien marital.

Cette réforme fut aussi une véritable démocratisation de l'étude.

« *Il existe trois couronnes : la couronne de la prêtrise, la couronne de la royauté, la couronne de la Torah*[8] ».

Si les deux premières étaient l'héritage exclusif de la maison de Lévi et de Juda, la troisième était offerte à tous ceux qui désiraient la prendre.

Cette révolution fut si profonde, qu'elle permit au judaïsme de survivre jusqu'à nos jours. Certes, la Judée était vassale de la Perse, mais elle constituait un petit État où l'étude et la pratique religieuse traduisaient une ferveur qu'Elie ou Jérémie n'avaient pas eu le bonheur de connaître en leur temps.

3- L'époque hellénistique

La Judée passa de la tutelle perse à la tutelle grecque en -333, quand Alexandre le Grand entra victorieux à Jérusalem. L'empereur macédonien n'était pas un conquérant brutal, son but était de répandre l'Hellas, la civilisation grecque, à travers la philosophie, les sciences, le sport, les arts. S'il est certain qu'il réussit à séduire les peuples du bassin méditerranéen, les juifs restèrent insensibles.

Eduqués par la Torah, exercés aux sciences, à un certain esprit philosophique par le commentaire biblique, les Judéens refusèrent le projet alexandrin. Le souverain grec fut étonné de cette résistance, mais n'utilisa pas la force. Au contraire, il voulut comprendre cette culture juive qui par certains côtés ressemblait à la sienne. Le Talmud gardera, malgré l'occupation, un souvenir positif de cette rencontre, et Alexandre sera souvent cité en termes élogieux.

La famille des Ptolémée, qui succéda à Alexandre en -323, confirma les privilèges des juifs. À Alexandrie, en Égypte, une communauté d'un millier d'âmes se développa et une synagogue magnifique se dressa selon les témoignages qui nous en sont

8. Traité - Pères - *Avoth*. Chap. VI.

parvenus, avant d'être détruite quelques siècles plus tard. Loin de la Judée, ces exilés plus ou moins volontaires oublièrent l'hébreu, si bien que la Torah d'abord, puis toute la Bible furent traduites en grec. Le Pentateuque grec porta le nom de *Septante* en référence aux soixante-douze sages qui le composèrent. C'est à partir de cette traduction que le message d'Israël toucha le monde des Gentils, ce qui engendra un prosélytisme important et souvent encouragé.

En Judée, depuis la disparition des scribes, le pouvoir gouvernemental de la nation vassale était partagé entre deux personnalités érudites (les *zougoth* ou « couple ») : le Prince (*Nassi*) et le Président du tribunal rabbinique (*Av beth-din*). S'inspirant de la séparation des pouvoirs réalisée par le roi Josaphath en son temps, le Prince exerçait l'autorité politique, alors que le second exerçait le pouvoir religieux, le grand prêtre ayant à charge le culte du Temple.

À la même époque, les contacts entre Judéens et Grecs se multiplièrent tant commercialement que socialement. Certains juifs optèrent pour la culture du conquérant, mais loin d'être la culture d'un Pythagore, d'un Aristote ou d'un Platon, cet hellénisme n'était que frivolité, recherche de luxe et de luxure. Petit à petit, comme à l'époque des rois d'Israël ou de Juda, la pratique religieuse fut abandonnée, la circoncision oubliée, l'étude négligée, le respect du Chabath relâché.

Quand le roi syrien Antiochus IV de la famille des Séleucides monta sur le trône, il pensa qu'il pourrait réussir là où Alexandre avait échoué : convertir les juifs, dont la plupart étaient déjà acquis à sa cause. Il pensait que le peuple suivrait l'aristocratie. C'était sans compter sur la fidélité du peuple aux scribes et aux maîtres. Lorsque le roi plaça des effigies de Zeus, dans l'enceinte du Temple, ce ne fut point la conversion, mais la révolte qu'il reçut en échange. Le vieux prêtre Mathatias de la famille des Hasmonéens, mais surtout son fils aîné Juda menèrent une guérilla sans merci contre l'envahisseur. À trois reprises, Antiochus IV envoya des troupes importantes, mais Juda et ses hommes furent les plus forts, ils repoussèrent les Grecs et libérèrent Jérusalem en -165.

Signalons cependant que les mobiles du combat contre l'envahisseur n'étaient pas univoques : certains considéraient que l'indépendance politique allait de pair avec l'indépendance religieuse, et seul un État juif souverain garantirait le culte. Les autres, appelés « les Pieux », n'avaient pris les armes que pour défendre le Temple bafoué. Ces attitudes se retrouveront dans le sionisme moderne.

Cette victoire fut cependant considérée comme un miracle (comme cela est mentionné dans la liturgie), et les rabbins instituèrent la fête de Hanouka, ou fête « d'inauguration » du Temple, encore joyeusement célébrée de nos jours par l'allumage de petites bougies.

Le combat final contre la Syrie s'acheva en -143 avec le dernier fils de Mathatias, Simon qui fut proclamé grand prêtre, et obtint le titre de *Nassi* du nouvel État juif.

CHAPITRE 4

Le royaume judéen

1- Jean Hyrcan

La victoire de Simon ne signifiait pas pour autant que tout était gagné pour les Judéens. La Syrie cherchait à se venger, alors que Rome commençait à faire parler d'elle. Si le règne de Simon fut plutôt calme, son fils Jean Hyrcan (135-104 av. J.-C.), qui cumulait les pouvoirs politique et religieux, fut pris d'un désir ardent de conquête. Il employa des mercenaires de toutes cultures afin de dominer la Samarie et l'Idumée. Les sages, appelés Pharisiens « les Séparés », car ils recherchaient une vie de piété, s'opposèrent aux folies expansionnistes de Jean Hyrcan, tout en lui reprochant de cumuler les fonctions politique et religieuse, ce qui était contraire aux principes de la Torah.

À partir de cette époque, le roi se brouilla avec les sages allant jusqu'à les chasser du royaume, et préféra se tourner vers la caste religieuse des Sadducéens (descendants du grand prêtre Sadoc qui officia à l'époque de David) qui avaient élaboré un culte adapté à l'aristocratie juive. Pour eux, la vie religieuse tournait exclusivement autour du Temple et du Sanhédrin, le grand tribunal de Jérusalem, c'est-à-dire autour des structures du pouvoir. Parmi leurs grandes thèses religieuses, citons la négation de l'immortalité de l'âme et de la résurrection des morts, ce qui était contraire à la foi pharisienne.

À la fin de ses jours, sentant sa mort prochaine et pris de remords, Jean Hyrcan demanda à son épouse, Salomé Alexandra, de se réconcilier avec les Pharisiens et de leur donner une place dans le gouvernement du pays. Plus forts que jamais, les Pharisiens repoussèrent les Sadducéens et entreprirent des réformes du même type que celles d'Ezra. Ils réorganisèrent le grand tribunal de Jérusalem, établirent la règle de la *kétouba* ou « écrit » de mariage, afin de garantir les droits de l'épouse durant son mariage et en cas de divorce ou de veuvage, et développèrent des réseaux scolaires. Ces réformes amenèrent une grande accalmie dans le pays.

2- Hérode

Quelque temps après la mort de la reine, Pompée marcha sur Jérusalem et conquit le pays (63 av. J.-C.). Le royaume indépendant avait fini d'exister. Dorénavant rien ne pouvait se faire sans l'accord de Rome. En -39, le pouvoir romain nomma comme gouverneur de Galilée, un Iduméen d'origine : Hérode. Après avoir éliminé la dynastie des Hasmonéens, qu'il jugeait dangereuse, il entreprit de grands travaux dans le pays et notamment la reconstruction du Temple qu'il voulut aussi grandiose que celui de Salomon (le célèbre « Mur des lamentations » date de cette époque). Voulant s'attirer les bonnes grâces du peuple, Hérode voulut s'approcher des Pharisiens, mais ceux-ci déchantèrent vite en comprenant les intérêts bassement matériels de cet arriviste.

Blasés par la politique, se rendant compte de la puissance de Rome, les rabbins comprirent qu'ils n'avaient pas d'autre choix que de s'adonner nuit et jour à l'étude de la Torah et à la pratique des commandements. Ils laissèrent le Sanhédrin et le Temple aux mains des Sadducéens, préférant maintenir le judaïsme vivant dans le cœur de la population plus défavorisée.

3- Les courants ascétiques

Entre le IIe siècle avant l'ère chrétienne et le Ier siècle après, se développa le mouvement sectaire des Esséniens ou « Silencieux ». Issus du pharisaïsme, ils critiquèrent avec encore plus de force la corruption du pouvoir. Ils optèrent pour une solution radicale, en se coupant totalement du monde séculier. Vivant en communautés fermées près de la mer Morte (Qumran), ils observaient un ascétisme rigoureux. Refusant de se marier, ils pratiquaient les immersions rituelles, prenaient leur repas en commun dans un silence absolu et partageaient le peu de biens qu'ils possédaient. Ce milieu produisit des écrits apocalyptiques qui annonçaient la fin prochaine de Rome, symbole de la tyrannie et du mal, et la révélation de Dieu à tous ses fidèles.

Cette attente de la délivrance et de la venue du Messie sera une composante de l'histoire juive au cours des siècles, attente exacerbée dans les temps de crise politique, économique et sociale.

Cette exagération de l'abstinence marqua la rupture avec les Pharisiens. En effet, même si ces derniers recherchaient une élévation spirituelle à travers l'étude et l'accomplissement des commandements de la Torah, ils préféraient vivre au milieu du peuple tout en restant fidèles à l'esprit biblique qui interdisait tout ascétisme extrême. Le cas du nazaréen, cet homme ou cette femme, qui se privait de vin, qui ne se coupait pas les cheveux et qui ne se rendait pas impur (Nombres VI) était considéré comme un pis-aller, et non comme un modèle à imiter impérativement.

4- Jésus de Nazareth

La situation de la Judée sous la tutelle de Rome aurait pu finalement se passer sans trop de heurts. En effet, les Romains avaient pour principe de ne pas s'immiscer dans les affaires intérieures des provinces conquises, tant que ces provinces acceptaient le joug de l'Empereur. Le grand tribunal de Jérusalem, le Sanhédrin, continua d'exercer son pouvoir dans les domaines civil et religieux, mais il devait soumission aux procurateurs locaux. Parmi ces gouvernants, il faut citer Ponce Pilate.

Son administration (26-36 ap. J.-C.) fut marquée par la violence, la corruption et l'exécution de ceux qui étaient jugés dangereux pour le pouvoir. Il alla jusqu'à piller le Temple pour construire un aqueduc. Il exigea du Sanhédrin, sous peine de sévères représailles, de lui livrer toute personne qui troublerait l'ordre public.

C'est à cette époque qu'apparut Jésus de Nazareth, un rabbi charismatique et thaumaturge[9], qui poussé par un élan de purification d'un culte trop ronronnant à ses yeux, et persuadé de l'imminence de la délivrance, rassemblait les foules autour de sa personne. Ayant chassé les marchands du Temple, Jésus fut amené à comparaître devant les prêtres. Le Sanhédrin, trop proche du pouvoir et par crainte de la vengeance sanguinaire de Pilate, lui livra le Galiléen qui, comme des milliers de compatriotes, mourut crucifié.

Les Pharisiens se tinrent à l'écart de toute l'affaire, leur différend avec Jésus était d'ordre doctrinal et non politique. L'on peut même dire que la population juive fut par cette exécution, comme toutes les autres, touchée dans sa chair, car elle sentait son indépendance nationale diminuer comme une peau de chagrin. Les disciples de Jésus, par fidélité à leur maître, quittèrent petit à petit le judaïsme et ses rites, pour engendrer un mouvement syncrétique judéo-chrétien, qui allait ensuite donner naissance au christianisme.

5- La destruction du Temple

Les persécutions et les humiliations de Pilate et de ses successeurs engendrèrent un sentiment de révolte chez les nationalistes du peuple, les Zélotes. Ceux-ci, s'inspirant du combat des Hasmonéens, décidèrent de prendre les armes contre Rome. En 66, ils s'emparèrent de Jérusalem, mirent en congé le roi pro-romain Agrippa, exécutèrent le grand prêtre collaborateur et chassèrent les garnisons romaines.

9. Nous analyserons du point de vue théologique le rapport entre le christianisme et le judaïsme dans la dernière partie de l'ouvrage.

Malgré l'appel à la soumission prônée par les Pharisiens, rien n'y fit. Rome allait se venger. Durant l'été 70 (le 9 du mois de av., date de la destruction du premier Temple), Jérusalem fut la proie des flammes et d'un terrible carnage qui marqua tellement la mémoire juive que le jeûne du 9 av. est encore respecté de nos jours. Titus, le général victorieux, dénombrera plus de 97 000 prisonniers. Flavius Josèphe, l'historien de l'époque, estimera à un million le nombre des victimes. Ce fut la fin de l'indépendance nationale, l'État juif était rayé de la carte. Mais le judaïsme n'était pas mort.

CHAPITRE 5

Vers la diaspora

1- La métamorphose

Avec la destruction du second Temple, s'achevait la souveraineté politique d'Israël. Finis les temps glorieux de David ou des Hasmonéens, cette dispersion révélait une triple faiblesse : faiblesse vis-à-vis de la terre d'Israël qui avait « vomi » ses habitants, faiblesse vis-à-vis des nations (notamment Rome) qui possédaient à présent les pleins pouvoirs, faiblesse du peuple vis-à-vis de lui-même qui se trouvait disséminé aux quatre coins de la terre.

Si le judaïsme survécut néanmoins à cette catastrophe, s'il put se maintenir à travers l'exil, s'il put garder la tête haute face aux humiliations et aux martyres – et 70 ne fut qu'un début – c'est sans aucun doute grâce à l'action exemplaire des Pharisiens. Les rabbins devinrent alors et jusqu'à la Révolution française et l'émancipation offerte par la modernité, les seuls guides et rassembleurs de la nation juive en diaspora.

En fait, depuis Ezra, le nationalisme avait perdu de sa superbe. La royauté avait été un lamentable échec, les prophètes ne purent placer un garrot sur l'hémorragie, le pouvoir ayant corrompu les princes, les prêtres et les juges. Tandis que les Zélotes disparaissaient dans le combat et que les Sadducéens tombaient avec le pouvoir, les Pharisiens surent trouver les mesures adéquates pour permettre à l'histoire juive de perdurer, non pas l'histoire politique s'écrivant dans un État souverain, mais l'histoire d'une espérance fondée sur une foi inébranlable.

Cette écriture appelait cependant une réinterprétation de la foi hébraïque, et non des moindres, puisqu'il fallait remettre en cause le discours prophétique. Ce n'était plus l'engagement politique qui devait être valorisé, mais l'engagement religieux, qui passait à présent exclusivement par l'étude de la Torah s'exprimant dans les « quatre coudées de la Loi ».

L'histoire particulière ou universelle n'avait de sens que dans cette lecture religieuse, voire mystique comme le fera plus tard la Kabbale. Finalement, Dieu avait châtié son peuple pour sa désobéissance. « La nation de prêtres » n'avait pas été à la hauteur de sa vocation spirituelle. La Synagogue introduisit la formule : « À cause de nos fautes nous avons été exilés de notre terre », formule qui faisait écho au Talmud qui affirmait que le premier Temple fut détruit à cause des « trois péchés capitaux » du judaïsme : le meurtre, l'idolâtrie et la débauche, et que le second le fut à cause de la haine gratuite.

2- Sens positif de l'exil

Cela ne veut pas dire que la tradition n'essaya pas malgré tout de donner un sens positif voire cosmique à cette déchirure. Les tragédies de -586 et surtout celle de 70 devaient véhiculer quelques aspects optimistes, traduits par le rire de rabbi Aquiba, qui face aux pleurs de ses condisciples devant le Temple en ruine, annonça : « Si les prophéties de malheur se sont réalisées, celles du bonheur se réaliseront aussi » (Traité *Makoth* 24b).

Les deux sanctuaires détruits à la même date hébraïque engendrèrent une situation d'exil, *galouth* en hébreu, qui devint une composante de l'identité juive. Cette dimension de l'exil apparaissait déjà dans la Bible, lorsque Dieu annonça à Abraham : « Sache que ta descendance sera étrangère dans un pays qui ne leur appartiendra pas » [10] ? La coïncidence était trop flagrante et le tribut trop lourd à payer pour n'être, aux yeux des croyants, qu'une catastrophe anonyme.

Pour ces maîtres, si Israël avait été châtié, cela signifiait que Dieu attendait un engagement de son peuple, cela signifiait aussi que la Providence continuait de fonctionner. Aussi, en partant en *galouth*, les juifs partaient avec leur Dieu. La Présence divine, la *Shékhina*, les accompagnait, comme elle avait accompagné leur ancêtre Jacob en Egypte[11]. Elle allait souffrir leur souffrance, vivre leur martyre et espérer leur espoir. La gloire du Très-Haut n'emplissait-elle pas les cieux et la terre ? N'était-Il pas descendu se révéler à Moïse dans un buisson ardent signifiant qu'Il restait proche de ceux qui étaient plongés dans le malheur ? Loin de son territoire, des querelles politiques, militaires et sociales, Israël pouvait pleinement se consacrer à sa vocation initiale : apporter le message de Dieu aux nations, et même ramener quelques « âmes sous les ailes de la présence divine ».

Mais cette positivité cachait un impératif catégorique : l'exil ne pouvait en aucun cas être remis en cause par les hommes. Cette situation devait durer, dans l'esprit des rabbins, aussi longtemps que Dieu le voudrait. Dieu avait dispersé, Dieu devait rassembler. Dans un célèbre passage du traité talmudique *Kétouvoth* (111a), le traité des « contrats », Dieu avait justement établi un contrat avec Israël et les nations, qui stipulait entre autres qu'Israël ne devait pas monter en force sur sa terre, et que les nations ne devaient pas opprimer avec férocité Israël.

Cet état d'anormalité de peuple sans terre, de peuple assujetti aux nations, de peuple dispersé aux quatre coins de la planète, renforça corollairement l'espérance de la Rédemption finale et du rassemblement des exilés. La vocation sacerdotale des descendants d'Abraham qui n'avait d'efficacité qu'à partir d'un rayonnement spirituel depuis Jérusalem, fut reportée à la fin des temps, quand les fils des nations attrapant les franges d'un vêtement juif, demanderont la connaissance de la doctrine divine (Zacharie VIII, 23).

---

10. Gn. XV,13.

11. Traité - Rouleau d'Esther - *Méguila* 29a.

Le judaïsme, tout en gardant intact son désir de retour à Sion, exprimé dans les trois prières quotidiennes, et manifesté dans la célèbre formule de la nuit de Pâque : « l'an prochain à Jérusalem reconstruite », se métamorphosa en religion de diaspora.

Jérusalem, Tibériade, Beer Chéva reposaient dans les souvenirs. Le Temple s'élevait dans le cœur. Les juifs de Babylonie qui n'avaient pas suivi Ezra, n'avaient-ils pas prouvé que la Maison d'étude et la Synagogue permettaient au judaïsme de subsister ? Cependant pour les sages qui se trouvaient encore en Palestine, un nouvel esprit de conquête germa, non plus celle de la terre de Canaan comme à l'époque de Josué, mais celle d'un parchemin, celle d'une parole, celle d'un Livre offert à d'infinis commentaires. Il fallait un tant soit peu quitter la promesse divine faite à Abraham : « Va vers le pays que je t'indiquerai » pour mettre en exergue la fin du verset : « Et seront bénies par toi toutes les familles de la terre » [12].

3- Yabné

L'interprétation orale, qui jusqu'à présent avait engendré différentes écoles exégétiques plus ou moins indépendantes, se transforma en un véritable système analytique allant jusqu'à proposer treize règles herméneutiques pour extraire du texte écrit, des règles inconnues des Hébreux. Ce fut cette malléabilité de la loi qui permit au judaïsme de s'adapter aux nouvelles données historiques et sociologiques.

L'un des principaux artisans de cette reconstruction fut rabban Yohanan ben (fils de) *Zakaï*. Avant même la destruction du Temple, et prévoyant la catastrophe, il obtint des autorités romaines la ville de Yabné, pour « la Torah et ses sages ». Lorsque les Zélotes ou les Sadducéens affirmaient qu'un peuple sans terre était une âme sans corps, les Pharisiens répondaient qu'ils croyaient dans l'immortalité de l'âme. La preuve de la survivance spirituelle était ici plus existentielle que théologique.

12. Gn. XII, 1 à 3.

Après la destruction de la Capitale, et dépassant sa douleur, rabbi Yohanan organisa la vie à Yabné. Un nouveau conseil de sages fut mis en place qui avait à charge l'enseignement, l'éducation, la législation sociale et religieuse. Un certain nombre de mesures furent prises pour remplacer le culte du Temple. La liturgie fut révisée et adaptée, la prière remplaça les sacrifices, et des supplications pour le retour à l'indépendance et la reconstruction du sanctuaire furent élaborées. Parmi les tâches urgentes, il y avait celle qui consistait à établir le calendrier pour les juifs restés en Palestine mais aussi pour ceux qui vivaient en Babylonie, car de ce calendrier dépendaient toutes les fêtes, « les rendez-vous de Dieu ».

Le Sanhédrin devint par son président *(Nassi)* l'autorité juive reconnue par les Romains. Lorsque plus tard, il fallut choisir un nouveau président, ce fut rabban[13] Gamliel qui fut nommé, car il descendait du roi David. Cette nomination conférait au Sanhédrin un semblant de royauté, les Romains ayant jugé que les Pharisiens ne constituaient pas un danger militaire contre leur propre autorité.

Le travail d'interprétation de la tradition écrite prit un nouvel essor. Il existait de nombreux enseignements oraux, mais il était formellement interdit de les rédiger de peur de les confondre ou de leur donner le même statut que la Torah écrite. Mais la situation originelle avait changé : la guerre, l'instabilité politique, les querelles d'écoles, avaient entraîné des incertitudes sur le plan de la pratique religieuse. En fait, les rabbins furent placés devant un véritable dilemme : d'un côté il fallait impérativement unir le peuple par des rites communs, d'autre part il fallait laisser une part de liberté à l'interprétation, dans la mesure où il était impensable d'établir un magistère dogmatique. Cela entraîna finalement la compilation de la Michna, terme qui signifie « enseignement répété » car la tradition orale était répétée par cœur. Cela donna une encyclopédie en six volumes qui allait constituer le référant législatif de la société d'Israël.

On commença à rassembler les sources, les traditions, les coutumes, les interprétations. Chaque problème ou thème fut analysé. Il s'agissait de savoir par quelle voie herméneutique on était passé

13. Un des titres rabbiniques : rabbi = mon maître ; rabban = notre maître.

de la Torah écrite aux commentaires oraux ou aux rites ? Les discussions furent longues et intenses. Pour trancher la loi, on adopta le principe du vote démocratique majoritaire entre érudits, considérant que seuls des spécialistes pouvaient s'exprimer sur des sujets aussi graves et pointus. L'activité intellectuelle de Yabné suscita d'autres actions du même type un peu partout dans le pays.

Parmi ces grands maîtres de l'herméneutique, citons rabbi Aquiba, qui « se plongeant à quarante ans dans les eaux de la Torah » devint l'un des phares de sa génération. Pour lui, chaque lettre, chaque fioriture, chaque répétition apparente du texte portait « des collines d'interprétations ». Son collègue, rabbi Ishmaël, plus attaché au sens littéral, s'opposa à ces vues, considérant que les redondances et autres redites du texte signifiaient simplement que « la Torah parle le langage des hommes » (Traité *Sanhédrin* 64b). Mentionnés tous les deux dans la Michna, on ne trancha pas vraiment, et les deux méthodes contradictoires furent introduites dans la mémoire d'Israël, laissant aux futurs maîtres l'opportunité de choisir selon leur tempérament et leur propre sensibilité.

Finalement la méthodologie et le charisme de rabbi Aquiba séduisirent les maîtres postérieurs qui, sur sa lancée, rédigèrent les premières œuvres de commentaires à caractère éthique, exégétique ou philosophique, le Midrash ou « Recherche » (de sens).

C'est à Yabné que le canon biblique des vingt-quatre livres trouva sa forme définitive et que l'on introduisit officiellement les rouleaux de Salomon comme le Cantique des cantiques, l'Ecclésiaste, ou le livre d'Esther, rédigé durant l'exil perse et qui ne contenait pas une seule fois le nom de Dieu.

Afin d'instruire les communautés d'Égypte qui ne comprenaient pas ou mal l'hébreu biblique, on chargea le prosélyte Akila de Sinope-du-Pont de traduire littéralement la Bible en grec, afin de corriger les différentes traductions de la Septante qui circulaient à l'époque, et qui entraînaient de fausses interprétations. Cette version d'Akila ne nous est malheureusement pas parvenue dans sa totalité, seuls quelques fragments cités dans les *Hexaples* d'Origène (IIIe siècle) ou retrouvés dans la *guéniza* du Caire[14], nous en donnent un aperçu.

4- La chute finale

Cette reconstruction religieuse fut arrêtée brutalement par le nouvel empereur Hadrien (117-138). Voulant imposer le culte romain à l'ensemble de ses provinces, il construisit un temple en l'honneur de Jupiter, dans le lieu même où quelques décennies auparavant s'élevait le Temple d'Israël.

La révolte ne tarda pas à gronder, et en 132, sous l'impulsion de Simon bar Kokhba ou bar Koziba « fils de l'étoile », la guerre fut de nouveau ouverte contre l'occupant. Alors que les Pharisiens s'étaient toujours montrés conciliants, acceptant le joug de l'envahisseur, cette révolte entraîna une division en leur sein. Rabbi Aquiba en particulier soutint ouvertement Simon, en qui il voyait le Messie, libérateur de la Palestine, et destructeur de la Rome impie. Durant trois ans, les troupes de Bar Kokhba tinrent en échec l'armée d'Hadrien, mais avec l'arrivée des renforts venus de Grande-Bretagne, la défaite fut au rendez-vous. En 135, Bétar (sud-ouest de Jérusalem), la dernière ville juive, tomba.

Hadrien, comprenant que les juifs puisaient leur force dans la Torah, s'en prit violemment aux maîtres. Il ferma Yabné, interdit l'étude et la pratique des commandements. Ceux qui refusaient étaient torturés et exécutés, ce fut le cas de rabbi Aquiba qui mourut écorché vif. Les rabbins survivants réunis à Lydda décrétèrent alors qu'il était licite pour un juif de transgresser la Torah plutôt que de mourir, sauf dans le cas du meurtre, de l'idolâtrie et de l'inceste. Cette disposition resta valable tout au long des siècles.

La ville de Jérusalem fut renommée Aelia Capitolina, et fut interdite aux juifs, sauf le jour du 9 av., jour anniversaire de la destruction des deux Temples, où il leur était permis de pleurer près du Mur (qui allait devenir celui « des lamentations »). C'est à cette même époque que les Romains rebaptisèrent la Judée, la Palestine.

---

14. Cette salle attenante à l'ancienne synagogue de Fostat (Vieux-Caire) qui servait de dépôt pour les livres, les rouleaux de Torah et les objets de culte usagés, fut mise au jour au XVIIIe siècle, mais son contenu ne fut systématiquement étudié que plus tard par l'archéologue Solomon Schechter (1847-1915) qui découvrit de véritables trésors historiques.

Ce nouvel échec sur le plan politique et militaire n'entraîna pas longtemps le désappointement et le découragement, le travail en profondeur qui avait été réalisé dans le cœur et les esprits, par les docteurs de la Loi, donna ses fruits, et les juifs s'en retournèrent avec encore plus d'ardeur à l'étude dès que les interdits furent levés. Sans État, sans terre, sans indépendance, plongés dans la misère matérielle la plus totale les juifs devaient s'acheminer vers d'autres contrées plus accueillantes. La Babylonie n'avait-elle pas été terre de résurrection après la catastrophe de -586 ?

5- Babel

À l'écart de l'influence gréco-romaine, bien acceptée par le pouvoir en place, la communauté de Babylonie sut se doter d'institutions solides et d'un mode de vie spécifique. Sur son origine nous avons peu d'éléments, si ce n'est qu'elle se forma autour de la destruction du premier Temple, et était déjà solidement implantée quand les Judéens de Palestine arrivèrent en masse après 70.

Face à l'autorité royale, Samuel un célèbre maître du Talmud trouva un *modus vivendi* en lançant le lacunaire : « La loi du pays est la loi », formule qui sera reprise quelques siècles plus tard, par les rabbins français réunis par Napoléon Ier en 1807, formule qui signifiait qu'en matière civile, le juif devait se soumettre aux règles du pays d'accueil ; quant à la vie religieuse, elle se maintenait dans le cadre privé de la famille et de la synagogue.

Dans une atmosphère de totale sécurité, les juifs développèrent une vie intellectuelle très intense. Dans les grandes villes de Soura, Poumbédita, Néhardéa, des Académies virent le jour dans lesquelles on discutait de la Bible, mais surtout de la Michna dont on élargissait les thèses et que l'on essayait de rendre totalement cohérente. Ces discussions offrirent une masse impressionnante d'écrits qui seront compilés vers le Ve siècle, ce qui donna le Talmud, « ce qui est étudié », qui deviendra la base constitutionnelle du judaïsme.

À partir du VIIe siècle, la Babylonie passa sous tutelle islamique. Pour des raisons économiques, cette communauté se déplaça vers l'Europe, afin de rejoindre les autres juifs qui s'y étaient déjà installés, et où les conditions de vie étaient bien meilleures.

CHAPITRE 6

Le judaïsme séfarade

1- L'âge d'or

Avec la conquête musulmane de la péninsule ibérique en 711, commença une ère de prospérité pour les communautés juives. Comme les chrétiens, les juifs bénéficièrent du statut coranique de *dhimmi* « protégés », du fait qu'ils étaient rattachés au Livre. Cette époque bénie fut par la suite nommée : « l'âge d'or espagnol ».

En Espagne (*Séfarade* en hébreu) les juifs excellèrent dans tous les domaines. C'est ainsi qu'on les remarqua à la cour, comme l'influent Hasdaï Ibn Shaprut (vers 915-970), mais également dans la finance, dans l'administration, dans le commerce, les arts et la science. Quand l'unité musulmane d'Al Andalus éclata au profit d'une série de petits royaumes, les juifs surent utiliser au mieux de leurs intérêts cette nouvelle situation.

Parmi les hommes de la rencontre judéo-musulmane, citons les grands poètes profanes et religieux : Samuel Ibn Nagréla (993-1056) et Moïse Ibn Ezra (1055-1135), le talmudiste Isaac Elfassi (1013-1103), chef de l'Académie de Lucène, les poètes philosophes

Juda Halévi (1075-1141), Salomon Ibn Gabirol dit Avicebron chez les latins (1021 ?-1058 ?) et l'exégète Abraham Ibn Ezra (1089-1164) qui fut loué dans l'œuvre de Spinoza.

Comme à Alexandrie, comme en Babylonie, comme plus tard dans l'Europe occidentale, ou aux États-Unis, les juifs refusèrent de périr. Ce fut et reste une constante du caractère juif dans la diaspora. Cet entêtement à perdurer fut l'un des chevaux de bataille de l'antisémitisme, antisémitisme qui traduisait, et traduit toujours, une jalousie vis-à-vis de l'étranger qui réussit. Mais les juifs n'avaient pas le choix, en tant que minorité il fallait se battre, et transmettre aux nouvelles générations les moyens matériels et intellectuels de continuer dans son identité. L'instinct de survie devait l'emporter sur l'instinct de mort. Thanatos devait être vaincu. Espérer était un devoir, vivre un commandement.

L'on peut rajouter que cette réussite fut rendue possible par une attention naturelle portée aux sujets terrestres. Comme nous l'avons dit, le judaïsme, héritier de l'hébraïsme, n'a jamais prôné le refus du monde séculier au profit d'un au-delà paradisiaque. De plus, le profane ne s'oppose pas à la sainteté, mais au contraire en constitue la matière première, le terreau. À travers l'étude de la Bible, du Talmud et du Midrash, l'esprit des enfants était très tôt aiguisé aux réalités de la vie et à ses différentes composantes, si bien qu'en grandissant, il était normal de les voir s'épanouir dans la société des hommes. « L'âge d'or espagnol » est l'exemple même de ce « génie juif » qui s'explique bien entendu par ce contexte sociologique et non par de soi-disant prédispositions innées (dans le domaine du fantasme tout est évidemment possible !). L'on peut même affirmer que le judaïsme exilique atteignit son apogée culturelle dans cette période, car toutes les conditions étaient réunies pour un tel succès : tolérance vis-à-vis des croyances, éducation profane et religieuse, respect des particularismes et ouverture à l'universel. Malheureusement l'invasion des Almohades, musulmans fanatiques venus du Maroc en 1146, mit un terme à cette vie florissante. Les juifs durent quitter le sud pour le nord chrétien ou pour d'autres contrées, quelques-uns durent se convertir.

2- Le retour du fanatisme

Ce fut dans ces années d'obscurantisme, que le plus grand penseur du judaïsme, Maïmonide, Moché ben Maïmon dit Rambam (1135-1204) réalisa un travail d'écriture tout à fait remarquable. Il composa entre autres une remarquable synthèse du Talmud, le *Michné Torah*, « Répétition de la Torah », et un ouvrage philosophique sur la foi : *le Guide des égarés*, ou *des perplexes*, qui par le biais de l'approche aristotélicienne tentait d'épurer la religion de toute trace d'idolâtrie et de superstition. Son langage incisif et sans compromis, son refus systématique de tout anthropomorphisme, sa réinterprétation sur le plan allégorique de certains passages bibliques ou talmudiques, et finalement sa remise en cause de la croyance populaire ne lui attirèrent pas que des amis et des disciples. Il reste cependant indéniable, qu'il fut à l'origine d'un grand bouillonnement intellectuel, en Espagne bien sûr et dans le sud de la France. Malheureusement, la communauté juive ne fut pas épargnée par le fanatisme, et quelques rabbins obtus lui reprochèrent à titre posthume son alliance avec Aristote le Grec. Ils allèrent jusqu'à dénoncer son *Guide* auprès des dominicains. Le *Guide* finit dans les flammes en 1233 à Montpellier. Cette réaction à Maïmonide fut l'un des moteurs de l'expansion de la Kabbale, littérature mystique, qui par réaction au rationalisme opta pour une réinterprétation de l'histoire juive au plan ésotérique.

La *Reconquista* fut le nom donné au mouvement chrétien qui décida de placer la totalité de la péninsule ibérique sous l'autorité de l'Église. Cette lente progression qui dura de 1085 à 1248, avec la prise de Séville, redonna aux juifs leurs anciens privilèges, les rois chrétiens ayant compris l'intérêt économique de sauvegarder cette population. « L'alliance royale », qui caractérisait l'époque prémoderne, fut de nouveau en vigueur : la communauté juive payait ses impôts directement au roi et celui-ci lui garantissait protection et liberté de culte.

Alors que la recherche scientifique, la ferveur religieuse et la convivialité entre l'Église et la Synagogue battaient leur plein, le souffle de l'intolérance recommença à polluer l'atmosphère, quand des Dominicains et des Franciscains fanatiques exprimèrent leur désir de convertir les juifs. À l'accusation du meurtre rituel (on accusait les juifs de fabriquer le pain azyme avec le sang d'un enfant chrétien), et aux disputations théologiques (dont la plus célèbre fut celle de Barcelone en 1263) s'ajouta l'hostilité de la bourgeoisie espagnole envieuse de l'opulence des juifs. Cette dégradation des relations aboutit au pogrom de Séville de 1391. Bientôt le pays devint le lieu de massacres et de conversions forcées (100 000 environ entre 1391 et 1412).

Ces conversions traduisaient cependant de la part des juifs davantage une volonté de survivre qu'une adhésion sincère. Ainsi, nombreux furent les nouveaux convertis qui continuèrent de pratiquer secrètement la religion de leurs pères. L'Église s'en rendit compte, et se posa la question du statut de ces fidèles « infidèles », bientôt surnommés les *marranos*, les « porcs ». Isabelle la Catholique, conseillée par des hommes de foi sans scrupule, décida finalement leur expulsion en juillet 1492. Entre 100 000 et 150 000 juifs quittèrent cet ancien paradis terrestre, pour des pays plus accueillants : le Portugal, l'Italie, la Hollande, l'empire Ottoman et l'Afrique du Nord. De nouveau apatrides, les juifs séfarades n'emportèrent avec leurs livres de prière et d'étude, que leurs souvenirs, leurs recettes de cuisine et leurs chants andalous.

3- Le renouveau de Safed

Certains décidèrent de renouer avec la terre ancestrale. Ils retournèrent en Haute Galilée dans la ville de Safed, et constituèrent une communauté extrêmement vivante qui produisit une littérature abondante. Elle allait jouer un rôle décisif pour l'avenir du judaïsme. La « Table Dressée » ou *Choulkhan Aroukh* de rabbi Joseph Caro (1488-1575) présentait une codification synthétique des règles talmudiques dans une forme plus succincte que celle réalisée par Maïmonide. Mais Safed fut surtout le lieu d'une effervescence mystique très intense, stimulée par des kabbalistes de renom comme Moïse Cordovéro (1522-1570), Isaac Louria

(1534-1572) et son disciple Haïm Vital (1542-1620). Commentant le livre du *Zohar* « Splendeur » compilé par Moïse de Léon au XIIIe siècle en Espagne, ces maîtres de la « Science cachée » tentèrent de donner un sens cosmique à l'exil et aux souffrances d'Israël.

Cette réaction mystique connut cependant son revers de médaille. En effet, quelques siècles plus tard, un certain Sabbataï Tsévi (1626-1676) qui s'était versé très jeune dans les études kabbalistes, se proclama Messie d'Israël en 1666 à Smyrne. Nathan de Gaza, son disciple inconditionnel entraîna derrière lui non seulement la masse des communautés séfarades, mais aussi de nombreuses autorités rabbiniques. Abolissant les lois religieuses de la Torah, il préparait le peuple à revenir en Palestine. Sans doute, l'expulsion d'Espagne, vécue comme un véritable traumatisme psychologique et spirituel, permit-elle cette extraordinaire aventure, comme dans notre temps contemporain, le désespoir et le désenchantement face à un monde sans repère réveillent de nouvelles spiritualités et le désir d'un avènement eschatologique. Arrêté par l'autorité ottomane qui voyait en lui un dangereux agitateur nationaliste, Sabbataï Tsévi ne dut sa survie qu'à sa conversion publique à l'Islam. Cette aventure, qui connut son pendant dans le monde ashkénaze avec Jacob Franck (1726-1791), fut une véritable tragédie. Elle soulignait les dangers d'un mysticisme populaire coupé de toutes réflexions philosophiques et de toute rigueur intellectuelle. Malheureusement, le mal était fait. De nombreuses communautés du bassin méditerranéen sombrèrent dans un profond découragement.

CHAPITRE 7

Le judaïsme ashkénaze

1- Nouvelle attitude de l'Église

La présence de communautés juives en Gaule est attestée à partir du IVe siècle. Mais suivant les garnisons romaines, quelques familles pousseront leur voyage vers le nord-est pour atteindre la Germanie. Bien qu'ennemis de Rome à Jérusalem, dans l'Empire, les juifs obtinrent le statut de judéo-romains et bénéficièrent de faveurs légales.

L'expansion du christianisme remit en cause petit à petit cet état de fait. Avec la théologie des Pères de l'Église, le dialogue d'égal à égal s'estompa, notamment à cause du dogme de la substitution. L'Église était devenue le nouvel Israël, *verus Israël*, et le peuple juif par son errance portait le signe de son déicide. Cela ne signifiait pas que les descendants des Judéens durent être détruits, au contraire, ils devaient rester vivants, mais dans un état d'infériorité sociale et d'humiliation, afin d'être la preuve vivante de la véracité du message christique. L'Église de Rome fut tout de suite radicale et supprima les droits et les privilèges de la communauté juive. En Gaule, les Francs et les Carolingiens furent plus nuancés, car ils savaient que les juifs, ayant établi de bonnes relations économiques avec d'autres communautés de diaspora, représentaient un ferment de réussite économique. Charlemagne, par exemple, sut tirer parti de cette réalité dans l'empire qu'il essayait de construire, contre l'avis du clergé. C'est de cette époque que date la naissance du judaïsme ashkénaze qui veut dire littéralement « Allemagne ». Distinct du judaïsme espagnol, par son environnement culturel, le monde ashkénaze s'étend du nord de la France à la Yougoslavie actuelle.

Cette notion d'environnement culturel nous paraît importante à souligner, car elle constitue une constante sociologique de l'histoire juive. Depuis l'exil, les juifs ont toujours vécu en symbiose avec les autochtones, dans les pays où ils séjournaient. La Bible nous apprend déjà que Joseph en Égypte se faisait appeler d'un nom du pays Tsafat Paṇéah, et qu'il portait la tunique locale ; des rabbins du Talmud portaient le prénom d'Alexandre. L'assimilation à la culture ambiante n'entraînait pas systématiquement une déjudaïsation. Disons que le milieu ambiant agissait sur les mentalités. Ainsi le judaïsme fut toujours un « judéo- quelque chose », qui s'exprimait par exemple à travers un dialecte hybride (judéo-espagnol ou ladino, judéo-allemand ou yiddish, judéo-arabe, etc.). Chaque communauté possédait son langage, son art culinaire ou décoratif, sa mode vestimentaire, sa liturgie spécifique, son type de pensée. La boutade juive annonce que lorsque deux juifs se rencontrent, chacun évalue la culture non-juive de l'autre. Nous ne sommes pas loin de la vérité.

2- Les Croisades

À la veille de la première croisade (1096) le nombre de juifs dans l'empire germanique devait approcher les 20 000. Quand le pouvoir royal s'émietta, l'autorité passa aux mains des seigneuries. Le sort de la communauté dépendait maintenant du bon vouloir du châtelain. Avec le déclin de la royauté carolingienne, l'Église finit par imposer sa voix. L'antisémitisme populaire, remplaçant l'opposition sur le plan théologique, allait marquer d'une pierre noire cette période et les siècles qui suivirent. La première croisade toucha non seulement les juifs de France, mais également les communautés de la vallée du Rhin. Les récits de ces massacres ont été conservés dans la liturgie ashkénaze, et certaines élégies sont encore lues lors du jeûne du 9 av, en même temps qu'est évoquée la destruction des deux Temples.

Il faut reconnaître que de nombreux évêques s'opposèrent fermement à ces débordements populaires. La bulle pontificale *Sicut Judeis* du XIIe siècle réprima sévèrement cette conduite odieuse et fut maintenue tout au long du Moyen Âge. Mais il suffisait d'un seigneur ou d'un prêtre fanatique pour mettre le feu aux poudres. La masse paysanne inculte et souvent jalouse de la réussite, toute relative, des juifs, n'en demandait pas plus pour perpétrer ces abominations, et venger le Christ.

Saint Louis ne restera pas dans la mémoire juive, le bon roi, saint et généreux. Influencé par le clergé, il prit une série de mesures contre la communauté juive dont le brûlement du Talmud en 1244, et l'interdiction du prêt à intérêts, un des rares métiers que les juifs pouvaient encore exercer.

En Angleterre, le XIe et le XIIe siècle furent marqués par les mêmes signes inquiétants de l'antisémitisme. En 1144 à Norwich fut proféré pour la première fois, le crime du meurtre rituel, on accusait les juifs de fabriquer le pain azyme de la fête de Pâque *(Pessah)* avec le sang d'un enfant chrétien. Cette accusation fut reprise en France, à Blois précisément, en 1171, ce qui entraîna le massacre de toute la communauté. Cette calomnie, comme celle de la profanation de l'hostie eucharistique, lancées régulièrement un peu partout en Europe jusqu'au début du XXe siècle, faisaient des juifs non seulement des ennemis du christianisme, mais des ennemis de l'humanité tout entière, des suppôts de Satan qui le jour du Chabath (ou Sabbat) pactisaient avec le diable.

Suite au concile de Latran (1215), les juifs furent tenus de porter un signe distinctif : la rouelle en France, un tissu en forme de Tables de la loi en Angleterre, un chapeau pointu en Allemagne.

En 1275 et 1290, les juifs furent expulsés d'Angleterre. En France, le même décret fut confirmé sous Philippe le Bel en 1306.

Le Moyen Âge s'achevant, la situation des communautés juives était au plus bas. À cela s'ajoutaient la misère, les épidémies et les famines. Des populations entières étaient décimées, et les juifs tenus pour responsables. La spécialisation dans le prêt à intérêt accentua davantage les différences avec les chrétiens. Durant les croisades du Midi, de la Touraine et du Berry dites des « Pastoureaux » (1320-1321), les juifs restèrent les boucs émissaires de la vindicte populaire. En Alsace, entre 1336 et 1339, des paysans appelés *Judenschlager* « Tueurs de juifs » firent régner la terreur. La peste noire de 1348-1349 n'arrangea pas la situation. Entre le XIIIe et le XVe siècle, les mêmes scénarios se répétèrent dans leur tragique monotonie : expulsions, rappels, massacres. Seuls les juifs des communautés du Sud de la France (Comtat Venaissin, Avignon), dits « les juifs du Pape », bénéficièrent d'une protection et d'un statut spéciaux.

En 1516, le quartier juif de Venise fut entouré d'une muraille pour marquer la séparation avec la population chrétienne. Ce fut la naissance du Ghetto (« fonderie » en italien, à cause de la proximité de ce lieu avec le quartier juif), bien que l'espace juif séparé existât *de facto* dès le XIIIe siècle. En 1555, l'encyclique *Cum nimis absurdum* du pape Paul IV institutionnalisa cette pratique[15]. Il fallut attendre la fin du XVIe siècle pour constater l'évolution des mentalités des gouvernants à l'égard de leurs sujets juifs.

3- La Communauté

Malgré la ségrégation et les massacres, la communauté dut s'organiser et survivre. Le *kahal* ou *kéhila* « l'assemblée », terme toujours usité, désignait la structure communautaire. Par nécessité à la fois existentielle et religieuse, les juifs étaient obligés de se rassembler. Dix était le chiffre minimum d'adultes requis pour compléter le « quorum » de la prière *(mynian)*, réciter certains passages liturgiques ou pour sortir le rouleau de la Torah pour une lecture publique. Dix hommes, plus les épouses, plus les

15. En terre d'Islam, le quartier juif existera aussi, il se nommera le Mellah ou la Hara.

enfants cela faisait un petit noyau communautaire. Mais bien sûr, le nombre de fidèles pouvait être plus important.

Le *kahal*, placé sous l'autorité du rabbin et des notables, prenait en charge les individus et les familles de la naissance à la mort : la circoncision, la célébration de la majorité religieuse, le mariage, le décès. Un impôt prélevé en fonction des revenus de chacun servait à payer le seigneur et à aider les plus démunis, et même les pauvres de la terre d'Israël. Le tribunal rabbinique (*beth din*) rendait la justice en matière religieuse et civile, il pouvait prononcer des décrets (au IXe siècle, celui du rabbin Guershom de Worms interdisant la polygamie est resté célèbre), voire utiliser l'anathème contre les plus récalcitrants de ses membres.

Parmi les écoles talmudiques les plus célèbres de l'époque, citons celle champenoise de rabbi Salomon Itshaki dit Rachi (1040-1105) qui commenta la Bible et le Talmud. Son œuvre fut continuée par ses disciples et petits-fils, les Tossafistes, ou « Ajouteurs », qui développèrent dans le nord de la France, aux XIIe et XIIIe siècles, des exégèses talmudiques d'une grande richesse.

4- L'Europe de l'est

L'Europe orientale, et notamment la Pologne, accueillit les juifs fuyant les Croisades à partir du XIIIe siècle. Comme toujours cet accueil cachait des intérêts économiques, mais les juifs étaient trop heureux de fuir l'enfer et d'être reçus pour faire la fine bouche. Là, ils devinrent marchands, négociants et fermiers généraux.

Au XVIe siècle, ils comptaient 150 000 âmes. La culture ashkénaze locale développa son propre système éducatif, social, religieux. Soumis à des lois plus ou moins strictes en fonction des gouvernants et du clergé, leur sort semble avoir été plus enviable comparé à celui de leurs frères et sœurs d'Europe occidentale, quoique le partage de la Pologne au XVIIIe obligea les communautés les plus orientales à se soumettre à des restrictions inconnues jusqu'alors.

Sous l'autorité du tsar Alexandre Ier, leur nouveau souverain russe, leurs privilèges sociaux, économiques et politiques furent restreints, pour être réduits à néant avec son successeur Nicolas Ier. C'est dans ces temps de souffrance morale et physique que se développa le Hassidisme. Ce mouvement populaire d'inspiration mystique apporta un peu de chaleur et d'espoir aux communautés qui avaient sombré dans un profond désarroi. Son fondateur rabbi, Israël *Baal Chem Tov* « le maître du bon nom » (1700-1760), enseigna la joie, la danse, la confiance en Dieu. À sa mort, il laissa plusieurs disciples, chacun formant sa propre école de pensée.

Le Hassidisme existe encore aujourd'hui en Israël, aux États-Unis et en France, son aspect le plus visible est l'habit noir, qui était le vêtement traditionnel des Polonais et des Russes au XVIIIe siècle. Il met en exergue la prière, la joie du service de Dieu et tourne autour d'un maître charismatique : le *Rebbe*.

À cette époque, le nombre de juifs dans le monde est estimé à environ 2 250 000, dont environ 1 750 000 en terre chrétienne. Jusqu'à la Révolution de 1917, la vie juive en Russie fut marquée par des mesures restrictives, un antisémitisme d'État et des pogroms (destructions de villages juifs). Ces massacres engendrèrent des mouvements de montées vers la Palestine (*Alya*), et la création des premières colonies dès le milieu du XIXe siècle.

CHAPITRE 8

La fin du ghetto

1- Le siècle des Lumières

Le XVIIIe marqua un tournant pour l'Europe occidentale et pour les communautés juives. Un discours de tolérance et égalitariste jaillissait sous la plume d'intellectuels et de philosophes. Pour les Lumières, la pensée universelle et la raison étaient incompatibles avec la haine raciale et l'antisémitisme. L'ère de l'absolutisme mercantiliste, qui faisait du commerce et de l'échange un facteur primordial de réussite économique et de bonheur social, allait permettre une reconsidération du statut de certains juifs, de ceux en tout cas, qui avaient les moyens de participer à la vie de l'État. Une élite financière et intellectuelle sortit ainsi peu à peu du ghetto, les uns restant fidèles à leurs frères et leur venant en aide (la famille Rothschild par exemple), les autres s'assurant leur propre ascension sociale.

Cette effervescence sociale, culturelle et économique fut à l'origine de la *Haskala*, ce mouvement des *Lumières* qui naquit en Allemagne. Par mimétisme et par opportunité, il se mit à repenser le rapport de l'identité juive à la religion et à la société ambiante. L'on vit s'ouvrir des salons tenus par des femmes juives, et une nouvelle littérature se faire jour. L'un des pères de ce mouvement, un juif orthodoxe, érudit en Bible et en Talmud, formé à l'esprit philosophique et ouvert sur la cité, Moïse Mendelssohn (1729-1786) comparé à Moïse Maïmonide, permit l'élaboration d'un discours cohérent sur l'intégration des juifs dans la modernité.

Jamais avant lui, ne s'était posée avec autant de force la définition de l'identité juive, le sens de la pratique et le rapport à l'universel. Les juifs vivaient pieusement leur foi, priaient trois fois par jour, mangeaient *kasher* (selon les normes religieuses du judaïsme), respectaient le Chabath et les fêtes, sans se poser ce type de question. Même Maïmonide, pourtant si ouvert à la culture grecque et musulmane, n'aborda pas le sujet, sa préoccupation philosophique étant de purger la religion de l'idolâtrie, de la superstition afin d'atteindre les vérités éternelles. Mendelssohn fut donc un précurseur. Sur la demande de ce dernier, le conseiller d'État prussien Wilhelm Christian Dohm publiera en 1781 un essai décisif : *De l'amélioration civique des juifs*.

Joseph II, despote éclairé, fut sensible à ce discours. À la tête de l'Empire des Habsbourg, qui abritait alors la plus grande communauté juive du moment, il décréta l'abolition du signe distinctif des juifs (1781), et allégea leur fardeau fiscal l'année suivante. Puis, il les encouragea à sortir de leur quartier pour apprendre de nouveaux métiers, et les autorisa à employer des serviteurs chrétiens, à fréquenter les écoles publiques ou les Universités, et permit aux couches aisées de s'intégrer dans la société et la vie économique.

2- La Révolution française

Après la Révolution de 1789 et l'Émancipation de 1791, les juifs répartis sur le territoire français (essentiellement à Bordeaux, en Alsace, en Provence et à Paris), devinrent Français de confession israélite (ou mosaïque). En fait, l'Amérique du Nord avait déjà accordé en 1785, à ses sujets juifs la citoyenneté américaine, mais la France fut la première nation européenne à avoir coupé avec son passé moyenâgeux. Les juifs n'étaient plus reconnus comme étrangers ou appartenant à une nation en exil, mais bien comme membres à part entière du peuple qui l'accueillait. Tel fut le sens historique de l'*israélitisme*.

En 1807, Napoléon rassembla une assemblée de rabbins et de notables qu'il baptisa « Grand Sanhédrin » en souvenir de celui de Jérusalem, et demanda à cette instance religieuse de se prononcer par rapport aux obligations civiles de l'État. Le Sanhédrin avança, comme quelques siècles auparavant, la formule talmudique : « La loi du pays est la loi. » Pour lui, l'espace public devait être soumis à la législation du pays, quant aux pratiques cultuelles, elles restaient affaire privée. Cela entraîna la naissance des Consistoires (1808-1809) qui fonctionnent encore de nos jours pratiquement sur le même modèle napoléonien (Grand Rabbin de France, Grands Rabbins Régionaux, rabbins locaux), et dont la vocation est de gérer la vie religieuse des communautés en France.

Les juifs furent si touchés de tant de générosité que par reconnaissance, les plus républicains créèrent en 1858, l'Alliance Israélite Universelle (AIU) qui existe toujours. L'Alliance se donna pour tâche de répandre l'esprit de la Révolution et la culture française à toutes les communautés juives de par le monde. La dynamique de l'émancipation semblait maintenant irréversible.

3- L'Émancipation

En 1870, la plupart des pays d'Europe occidentale et centrale avaient émancipé leurs citoyens israélites, même si parfois ce statut fut plus théorique qu'effectif. En Amérique latine chrétienne, la communauté juive bénéficia de ces privilèges dès le milieu du XIXe siècle, en Australie dès le début du XXe. Au Moyen-Orient et en Afrique du Nord, entre la fin du XIXe siècle et le milieu du XXe siècle, sous l'influence de la colonisation, les juifs virent leur situation s'améliorer, puis l'égalité de droits leur être octroyée (Décret Crémieux 1870 pour les juifs d'Algérie).

Cette entrée progressive des israélites dans la société ouvrait de nouveaux horizons, impensables jusque-là. Grâce à la révolution industrielle, ils eurent accès au monde des finances, aux professions libérales, seules les carrières dans l'armée et l'administration leur étaient toujours interdites. Forts de cette ouverture, ils participèrent activement au développement économique de l'Europe. Au XIXe siècle, ils seront environ 7,5 millions dont environ 480 000 en Allemagne.

La conséquence de cette émancipation, qui constituait un grand bouleversement social, historique et psychologique, fut que la communauté, le *kahal*, au sens religieux du terme, n'avait plus la moindre emprise sur ses fidèles. La religion était devenue affaire privée. La pratique se relâcha, l'assimilation augmenta, certains se convertirent au christianisme, qui était selon l'expression du poète Heinrich Heine : « le billet d'entrée dans la société ». Ce fut le cas par exemple pour le célèbre compositeur Felix Mendelssohn, petit-fils du philosophe. Certes, il ne s'agit pas de jeter la pierre à ces hommes et ces femmes dont la mémoire était entachée de tant de sang des martyrs, mais de comprendre cette réaction, somme toute naturelle.

Dans l'esprit de beaucoup de juifs traditionalistes, il fallait avant tout être exemplaire. En France, il fallait « être plus Français qu'un Français », plus patriote que son voisin non-juif ; et réussir dans la vie pour supprimer l'image négative du juif véhiculée par l'antisémitisme des siècles précédents. Certains pensèrent même adapter la religion au goût du jour. Cela engendra une réforme religieuse au XIXe siècle qui se traduisit par l'abandon de l'hébreu et la récitation des prières dans la langue vernaculaire, par la suppression des textes faisant référence au retour à Sion – la terre promise était maintenant l'Europe – par la construction de synagogues majestueuses sur le modèle des églises et par l'introduction de l'orgue et des chœurs liturgiques.

Les plus orthopraxes virent d'un mauvais œil ce relâchement spirituel. Aussi une néo-orthodoxie se développa en réaction, qui fut amenée à durcir ses positions pour compenser le laisser-aller. Cette attitude fut une constante du monde orthodoxe, qui se replia sur son mode vestimentaire et sur lui-même, pour ne pas s'assimiler.

4- L'Affaire Dreyfus et le sionisme

Pourtant l'Émancipation ne marqua pas la fin de la haine raciale. Au contraire, la fin du XIXe siècle et le début XXe, furent marqués par une radicalisation du discours antisémite moderne. Discours fondé non plus sur la religion (bien que l'on utilisa les anciens clichés chrétiens), mais sur une pseudo-science qui parlait d'inégalité des races, et sur les dangers que représentaient les juifs pour l'économie mondiale. L'affaire Dreyfus, qui secoua la France entre 1894 et 1906, marqua le début de l'expansion de ces thèses. Mais cette affaire eut des conséquences plus importantes pour tout le peuple juif.

En effet, au moment où Alfred Dreyfus, capitaine de l'armée française, totalement assimilé à la culture de son pays et patriote fidèle, fut dégradé publiquement devant une foule en délire qui hurlait : « Mort aux Juifs ! », un journaliste autrichien de passage fut secoué de ce spectacle navrant. Théodor Herzl (1860-1904), c'est son nom, était un juif tout aussi assimilé, qui conclut que la seule solution au problème juif et à l'antisémitisme était le retour à l'indépendance nationale. Si la France, pays des Droits de l'Homme, produisait un tel déchaînement d'hostilité, il fallait trouver une terre pour rassembler les exilés des quatre coins de la terre. À l'heure où les États aspiraient à retrouver leur indépendance nationale, Herzl transforma le sionisme religieux et l'espérance messianique en un mouvement politique.

Paris fut la ville de l'émancipation des juifs et de la naissance de l'*Israélite*, Paris fut la ville de l'écriture de « L'État juif » et de la naissance de l'*Israélien*.

En 1917, grâce à l'action de Théodor Herzl, Lord Balfour, le ministre des Affaires étrangères britannique, autorisa la création d'un foyer national juif en Palestine. Le projet rencontra trois oppositions : celle des orthodoxes qui considéraient cette action comme un crime de lèse-majesté divine – seul le Messie pouvait sauver son peuple –, celle des juifs libéraux et consistoriaux qui y voyaient une trahison contre l'Europe émancipatrice des israélites, et celle d'un monde arabe hostile. Malgré ces oppositions, la machine sioniste était enclenchée. En 1918, 83 000 juifs vivaient en Palestine pour 664 000 Arabes.

5- La Shoah et l'après-guerre

Les juifs auraient pourtant eu besoin d'un État entre les deux grandes guerres, car le ciel d'Allemagne s'obscurcissait de thèses effrayantes. L'arrivée des nazis au pouvoir en Allemagne en 1933 porta l'antisémitisme racial à un degré d'horreur inimaginable. Quelques juifs sentant le danger se précipitèrent vers d'autres pays d'Europe ou vers les États-Unis. En 1939, le piège était tendu, il se refermera jusqu'en 1945, sur l'Europe. Le judaïsme paya par six millions de ses enfants cette folie sans nom et sans sens[16].

Après la découverte des camps de concentration et l'horreur de ce qui s'y était passé, il fallait trouver une solution pour les rescapés, d'autant plus qu'en Palestine, les forces armées juives (Hagana) ou clandestines (Irgoun) combattaient les Anglais pour obtenir la création d'une patrie juive. Suite à un vote historique de l'ONU, l'État d'Israël fut proclamé le 14 mai 1948. Cette date marqua malheureusement le début d'un conflit avec les voisins arabes qui à ce jour n'a pas encore trouvé de solution stable, même si la paix semble avancer.

L'État d'Israël a cependant créé une nouvelle image qui tranche avec celle de l'exil. Le juif n'est plus à la merci des nations. Il a développé une agriculture et une technologie de pointe, il a fait jaillir la verdure au milieu du désert (kibboutz), il possède une armée puissante, il produit une technologie de pointe, participe à des recherches scientifiques internationales, il est fier de sa miss Monde. Autrement dit, le juif en devenant Israélien est devenu un interlocuteur à part entière.

Les jeunes en Occident affichent plus fièrement leur identité, ils se disent « Juifs » et non « Israélites », terme qu'ils trouvent ringard. Certains portent fièrement au cou une étoile de David, qui était pendant la dernière guerre un signe d'opprobre. En France, ils aiment dire que Jean-Jacques Goldman ou Spielberg sont juifs.

16. C'est la raison pour laquelle, les juifs préfèrent parler de Shoah, terme hébraïque qui signifie « destruction totale », plutôt que d'« Holocauste », car ce sacrifice avait une finalité.

Dans le domaine du dialogue inter-religieux, l'Église, grâce à des précurseurs comme Charles Péguy et surtout l'historien Jules Isaac (1877-1963), créateur des Amitiés judéo-chrétiennes, a repensé toute sa théologie de substitution et un dialogue lent mais irréversible se développe, surtout depuis la venue du pape Jean-Paul II à Jérusalem en mars 2000. Le judaïsme peut s'exprimer librement dans nos démocraties, du plus orthodoxe au plus laïc, et ce par des livres, des émissions radiophoniques ou télévisées ou dans l'espace public.

Pourtant, la situation de la communauté reste quelque part précaire, on parle de déjudaïsation, de mariages exogamiques importants, de petites communautés qui s'éteignent faute d'animateurs compétents. L'antisémitisme bien que contrôlé par des lois sévères n'a pas disparu de tous les esprits, et des partis d'exclusion en Europe font toujours des scores inquiétants, sans parler des thèses négationnistes défendues par des universitaires. En Israël, le conflit laïc-religieux occupe souvent la Une des journaux, l'entente n'est pas toujours facile et possible entre les différentes formes d'expression religieuse.

Le judaïsme est à la croisée des chemins. Peut-être de par sa vocation monothéiste, depuis le mont Sinaï, doit-il être à la croisée des chemins, des cultures, des philosophies, des débats. Il a des défis à relever, réussira-t-il ?

deuxième

partie

LA RELIGION

CHAPITRE 1

La tradition écrite

Le judaïsme connaît deux grandes traditions complémentaires, une tradition écrite : la Bible et une tradition orale dont l'ouvrage principal est le Talmud. Commençons par la tradition écrite.

Le juif croyant puise sa foi dans trois grands livres : la *Torah* ou Pentateuque, les *Néviim* ou Prophètes, les *Kétouvim* ou Écrits. Ces trois ouvrages, désignés par leurs initiales hébraïques TaNaKH, forment la Bible hébraïque.

1- Torah ou Pentateuque

Traduite trop restrictivement par « Loi », la Torah est « l'Enseignement » [1] ou la « direction ». Ce terme peut aussi bien désigner un enseignement restreint, une modalité légale (exemple Nb. VI, 21) que l'ensemble du Pentateuque. Ce livre, attribué à Moïse, se divise en cinq, d'où son nom de Pentateuque. Le fidèle

1. De la même racine nous avons également *yoré* = la pluie (de début de saison), *moré* (fém. *morah*) = enseignant.

parle également des « cinq cinquièmes » de la Torah, comme pour souligner l'unité indissociable de l'œuvre.

Une tradition rabbinique affirme que la Torah ne fut pas écrite au temps de Moïse, mais qu'elle préexistait au monde et que Dieu la contemplait, comme un architecte consultant son plan, avant de créer l'univers. Bien que ce genre de texte appelle toujours un commentaire philosophique, il traduit néanmoins la foi du juif en l'éternité de cette parole transcrite, et la correspondance entre la réalité de notre monde et la volonté divine.

Le Pentateuque est écrit sur un parchemin. Dans les synagogues, il est placé dans l'armoire du fond, nommée « arche de sainteté ». La plupart des lieux de culte possèdent plusieurs rouleaux, mais il s'agit à chaque fois du même texte. La Torah se présente comme un long récit historique qui va de la création du monde jusqu'à la mort de Moïse. À l'intérieur de ce récit, l'on trouve la législation d'Israël s'exprimant à travers 613 commandements ou *mitsvoth* (singulier *mitsva*).

Les noms et les grands thèmes du Pentateuque sont :

- *Genèse* (*Béréchith*) : la création du monde, le paradis et la faute d'Adam et Eve, l'assassinat d'Abel par Caïn, le déluge et l'arche de Noé, la tour de Babel, les patriarches Abraham, Isaac et Jacob, la descente des Hébreux en Égypte.
- *Exode* (*Chémoth*) : l'esclavage des Hébreux en Égypte, la vocation de Moïse, la sortie d'Égypte, la naissance du peuple d'Israël, la traversée de la mer Rouge, les Dix Commandements, les premières lois sociales et religieuses, la faute du veau d'or, le pardon et la construction du Tabernacle ou Temple portatif.
- *Lévitique* (*Vayikra*) : les lois du Temple (sacrifices, règles de pureté et d'impureté, lois des prêtres), lois sociales et religieuses.
- *Nombres* (*Bamidbar*) : le dénombrement des enfants d'Israël, les conflits internes, les combats d'Israël, lois sociales et religieuses.
- *Deutéronome* (*Dévarim*) : le testament de Moïse, le rappel de l'alliance et des événements importants de l'histoire des Hébreux, les dernières lois.

2- Néviim ou Prophètes

Ce deuxième livre, le plus long de la Bible, se présente en deux parties distinctes : une partie historique suivie des oracles prophétiques.

La partie historique comprend :

- *Josué* : l'installation des Hébreux sur la terre de Canaan.
- *Juges* : la vie des tribus avant l'apparition d'un pouvoir politique central.
- *Samuel* (I et II) : le dernier Juge. Début de la royauté d'Israël : Saül puis David.
- *Rois* (I et II) : l'histoire de la royauté : David, Salomon et la construction du Temple de Jérusalem, le schisme (royaume du Nord et royaume du Sud). Fidélité et infidélité des rois vis-à-vis de Dieu. L'action des prophètes. Ce livre s'achève par la description de la destruction du Temple.

La seconde partie des Néviim est formée des oracles des trois grands prophètes : Isaïe, Jérémie et Ezéchiel, et des douze « petits » [2] : Osée, Joël, Amos, Obadia, Jonas, Michée, Nahoum, Habacuc, Sophonie, Hagée, Zacharie, Malachie.

Parmi tous les prophètes qui se levèrent dans la société hébraïque seuls ces quinze personnages furent canonisés.

3- Kétouvim ou Écrits

Cette partie également traduite par « Hagiographes » contient des textes historiques : Ruth, Lamentations de Jérémie, Esther, Daniel, Ezra, Néhémie, Chroniques; et des textes poétiques, liturgiques ou éthiques : Psaumes, Cantique des cantiques, Job, Proverbes, l'Ecclésiaste.

La tradition synagogale explique la répartition de la Bible en trois livres par les trois niveaux prophétiques qui les inspirèrent. La Torah correspond au niveau prophétique supérieur (Moïse),

2. Ainsi nommés à cause du peu de chapitres laissés à la postérité. La tradition juive dit simplement « les douze ». Cf. notre *Ces Hommes qui parlaient*. Ed. Laurens.

les Néviim au niveau prophétique inférieur, les Kétouvim au niveau d'esprit de Sainteté.

Si l'on additionne les cinq livres du Pentateuque, les huit livres des Prophètes (les douze « petits » étant considérés comme un seul ouvrage) et les onze livres des Écrits (Ezra et Néhémie ne formant qu'un livre) nous obtenons les 24 livres canonisés, reconnus comme textes inspirés et dont le message concerne toutes les générations d'Israël. Par contre certains livres furent mis à l'index[3] comme ceux de Judith, Macchabée, Baruck, Sagesse de Salomon, l'Ecclésiastique, Tobie, les additions au rouleau d'Esther. Les Églises catholique et orthodoxe ont cependant intégré ces récits dans leur canon personnel.

4- Auteurs et rédacteurs

Le Talmud[4] enseigne :
« *Moïse écrivit son livre, les prophéties de Balaam et Job. Josué écrivit son livre et les huit derniers versets du Deutéronome (la mort de Moïse). Samuel écrivit son livre, Juges et Ruth. David écrivit les Psaumes... Jérémie écrivit son livre, Rois et Lamentations. Le roi Ezéchias et son conseil écrivirent Isaïe, Proverbes et le Cantique des cantiques. Les hommes de* la Grande Assemblée *écrivirent Ezéchiel, les douze "petits" prophètes, Daniel et Esther. Ezra écrivit son livre et Chroniques* ».

Ce texte est intéressant car il distingue l'auteur du rédacteur. Ainsi le Cantique des cantiques est attaché au roi Salomon (env. 980-931), mais sa forme finale est attribuée à Ezéchias (716-688).

5- La critique biblique

Bien que la langue de la Bible soit l'hébreu (en de rares passages l'araméen ou le chaldéen), le spécialiste constatera une hétérogénéité

3. Ils sont dits apocryphes (« cachés ») et sont appelés dans le Talmud *séfarim hitsonim*, « livres extérieurs ».
4. Traité – Dernière Porte – *Baba Batra* 14b.

du langage : certaines contradictions, des variations de style, de vocabulaire, ou d'esprit. L'exégèse rabbinique n'a pas ignoré ces questions et a tenté de répondre à sa manière. En maintenant le distinguo entre auteurs et rédacteurs, l'orthodoxe pourra trouver un équilibre entre sa foi et l'approche scientifique.

6- La vocalisation

L'alphabet hébraïque est formé originellement de vingt-deux consonnes, sans aucune voyelle ; le parchemin du Pentateuque n'est donc jamais écrit vocalisé. Cette particularité permet de lire un mot de différentes manières. Si cette caractéristique est une manne bénie pour tous les commentateurs et la « lecture éclatée » dont parle Marc Alain Ouaknin[5], elle est source d'erreur pour la lecture en public. Ce fut le mérite des Massorètes de résoudre cette délicate question.

Qu'est-ce que les Massorètes ? De la racine *massor* « transmettre » (qui a donné *émissaire*), elles désignent les écoles de scribes qui vocalisèrent le texte biblique. Si les scribes de l'époque d'Ezra, à l'instar de greffiers consciencieux, comptèrent le nombre de lettres de la Bible, repérant les mots élidés ou les graphismes particuliers (certaines lettres sont volontairement écrites plus grandes ou plus petites)[6], les Massorètes inventèrent la vocalisation. Ce travail exigeait patience, intelligence et bon sens, car de cette vocalisation dépendait le sens du verset et donc le message biblique tout entier.

Par exemple à propos du verset II, 2 de l'Ecclésiaste, les Massorètes ont vocalisé *méhollal* « insensé », contrairement au Talmud (traité *Chabath 30b*) qui lit *méhoullal* « louable » [7]. Pour pouvoir

5. *Lire aux éclats*. Ed. Balland.

6. Traité – Mariages – *Kiddouchin* 30a : « les premiers scribes comptaient les lettres de la Torah. Ainsi ont-ils dit : le vav du mot *guihone* (Lev. XI,42) est le milieu des lettres du Pentateuque, l'expression *daroch darach* (ib, X,16) est le milieu des mots,… ». Cf. aussi Talmud de Jérusalem. Traité – Les Shékel – *Chékalim* V,1.

7. Ces scribes sont appelés les *Baalé nikoud* « les Vocalisateurs », « les Ponctuateurs ».

se permettre autant de libéralité et être admis même par les talmudistes, force nous est d'admettre que les Massorètes ont suivi de très près la clôture du Talmud, peut-être même en furent-ils des contemporains.

Les écoles de Massorètes se développèrent surtout à Tibériade vers les xe et xie siècles. Le plus célèbre des Vocalisateurs fut Aaron ben Moïse Ben-Acher qui vécut vers l'an 1000. Il offrit la version vocalisée officielle du texte biblique, et reçut plus tard l'appui total de Maïmonide (1135-1204).

7- Manuscrits et éditions de la Bible

Le Talmud se fondant sur certains passages de la Loi écrite, fait obligation pour chaque juif de copier pour son usage un rouleau du Pentateuque[8]. Habités par cette conviction profonde et par respect pour leur mémoire religieuse, les hommes les plus pieux se faisaient un devoir de recopier le livre de Moïse avec un soin scrupuleux et une crainte de Dieu. Parmi ces copies, on cite celles de rabbi Guerchon ben Yéhouda (1030), de son contemporain Yossef ben Samuel Bonfils de Limoges (1050) et surtout celle de Maïmonide dont le *sefer Torah* fut considéré comme l'exemplaire type pour les générations futures.

On ne sait pas à quelle époque précise naquit le métier de *sofer* « scribe », mais on peut avancer qu'il s'agit de l'époque tanaïtique dans laquelle on trouve rabbi Méir exerçant cette fonction[9]. L'on sait aussi qu'au viie siècle, les scribes étaient en mesure de fournir soit aux communautés soit aux particuliers, les rouleaux de Pentateuque ainsi que les *mézouzoth* (singulier *mézouza*) et *téfilines*[10] dont ils avaient besoin pour le service religieux. Avec l'invention et le développement de l'imprimerie à partir du xve siècle, cette fonction diminua considérablement.

8. Traité – Grand Tribunal – *Sanhédrin* 21b, d'après Deut. XXXI,19 et XVII,18. À défaut de l'écrire soi-même, le fidèle peut payer un scribe professionnel pour accomplir cette *mitsva*.
9. Traité – Mélanges – *Erouvin* 13b.
10. Cf. deuxième partie.

Le premier livre biblique imprimé en hébreu à Bologne date de 1477, il s'agit du livre des Psaumes. Le Pentateuque parut pour la première fois en 1482. La première Bible complète date d'avril 1488 et fut éditée à Soncino en Lombardie. Parmi les éditeurs qui sont restés célèbres pour la qualité de leur travail, citons Daniel Bomberg imprimeur à Venise au XVIe siècle, à qui l'on doit aussi la pagination définitive du Talmud, et Joseph Attias d'Amsterdam au XVIIe siècle.

8- Les divisions du texte

Terminons, pour la tradition écrite, sur quelques remarques concernant les différentes divisions de la Bible.

La Torah, divisée en cinq parties, est en outre subdivisée de deux manières :

1- En 669 alinéas ou paragraphes, les uns dits « ouverts » (ce qui correspond à notre « point à la ligne »), les autres dits « fermés » (on laisse un espace vide avant d'écrire la suite du texte).

2- En 54 sections appelées chacune *paracha* « section séparée » (dans les communautés séfarades) ou *sidra* « ordonnancement » (dans les communautés ashkénazes), lue chaque Chabath (samedi) lors de l'office public. Chaque *paracha* du Chabath se décompose en un certain nombre de paragraphes (minimum sept), contenant chacun un nombre de versets (minimum trois) lus par le ministre officiant.

De toutes ces divisions, seuls le partage en cinq volumes et les 669 paragraphes peuvent être considérés comme authentiques et remontant à Moïse lui-même. Eux seuls sont fixes, invariables, universellement adoptés, et intéressent directement l'exégèse ; les autres ont un intérêt purement liturgique.

Quant aux chapitres, tant de la Torah que du reste de la Bible, bien qu'ils soient adoptés par l'ensemble des éditeurs, des hébraïsants et même des rabbins, ils ne sont pas d'origine juive, mais certainement le fait de saint Jérôme. En tout cas, cette découpe apparaît pour la première fois au XIIIe siècle, dans les *Concordances* du cardinal Hugues de Saint-Cher, le premier ouvrage de ce genre qui a été composé sur la Bible.

CHAPITRE 2

Les grands principes bibliques

Les Hébreux avaient une certaine vision du monde, de l'histoire, de l'homme que l'analyse du texte biblique nous révèle. Nous nous bornerons à présenter quelques aspects, qui à nos yeux semblent fondamentaux, car ils déterminent toute la pensée religieuse hébraïque. Ils complètent ce que nous avons écrit sur « le prophétisme » en première partie.

1- Le credo biblique

Toute religion positive repose sur un credo. Elle s'appuie sur une affirmation qui devient sa vérité de base. L'hébraïsme n'échappe pas à cette règle. Pour lui, cette vérité originelle est la sortie d'Égypte, date de naissance du peuple d'Israël. Si Abraham découvre le monothéisme éthique, qui lie de façon indélébile la foi et la morale, la sortie d'Égypte marque l'émergence d'une collectivité qui va placer la découverte abrahamique comme pilier de sa constitution.

Il n'existe aucune solennité, aucune prière qui n'évoque cet événement fondateur, et la formule « souvenir de la sortie d'Égypte » est récurrente dans le rituel. La sortie d'Égypte est si importante que nissan, mois de la libération, est devenu le premier du calendrier hébraïque[11] (il était le mois des changements d'année dans les administrations royales, à l'époque biblique). À travers la célébration de la fête de Pâque, les juifs s'identifient aux Hébreux, ressentant l'amertume de l'oppression et exprimant leur reconnaissance au Libérateur suprême.

Le couronnement de cet affranchissement est la promulgation du Décalogue, qui scelle l'alliance (*bérith*) entre Dieu et Israël. Dès lors, la loi de l'instinct, celle du plus fort, est remplacée par la loi morale, celle du partage et de l'amour de tous les hommes.

Par cette alliance, Israël n'est plus un peuple produit par la nature, comme ceux nés après Babel, mais une collectivité de témoignage (*eda*), « une royauté de prêtres » : témoin de Dieu, afin que Dieu soit reconnu comme Père de l'humanité. Le prosélytisme d'Israël ne consiste pas à convertir les hommes au judaïsme, mais à leur faire prendre conscience de leur origine divine.

2- L'universalisme hébraïque

La Bible affirme que l'Homme fut créé par Dieu. Cet humain, « mâle et femelle » fut honoré par l'octroi du *tselem Elohim*, « l'image divine », qui désigne les capacités spirituelles permettant par l'exercice de la liberté de dompter sa nature animale.

L'humanité tout entière descend d'un couple unique, Adam et Eve, afin que personne ne puisse dire : « Mon père était supérieur au tien ». Tous les individus sans exception possèdent donc « l'image divine », quelles que soient leur croyance et leur culture. La faute du paradis ou celle de la génération du déluge n'ont rien changé à cet état qui sera d'ailleurs confirmé après le déluge (Gn. IX, 6). Si rupture il y eut, ce fut avec la nature, pas avec Dieu.

11. Bien que la sortie d'Égypte marque la naissance du peuple d'Israël, le calendrier juif reste universel en plaçant son point zéro à la naissance d'Adam, père de l'humanité. Par exemple, l'an 2000 de l'ère chrétienne correspond à l'année 5761 de la création d'Adam.

Après le Déluge, l'humanité reçut par l'intermédiaire de Noé, sept lois (les *noahides* que nous citerons plus loin) qui constituent la religion « catholique » (universelle) d'Israël, et qui constituent la morale de base de toute société.

La religion d'Israël est une religion universaliste et non universelle, c'est-à-dire qu'elle accepte la différence religieuse, même sur le plan dogmatique. Il ne s'agit là ni d'une tolérance passive, ni d'une condescendance méprisante, mais d'une croyance fondamentale qui affirme que chaque peuple possède son propre génie et qu'il participe à sa manière au projet divin. Quand les prophètes fustigent l'idolâtrie, ils ne visent jamais leur spiritualité mais toujours l'immoralité. Tant que la morale est préservée, que l'incommensurable valeur de la personne humaine est proclamée, que la religion et la politique n'engendrent ni fanatisme ni injustice, tous les hommes sont jugés avec bienveillance, tels les habitants de Ninive qui se repentirent du mal, sans se convertir au judaïsme.

Bien sûr, si une personne non-juive exprime le désir de rejoindre le projet sacerdotal d'Israël (comme Jethro ou Ruth), elle sera reçue avec tous les honneurs, après avoir entendu les mises en garde d'usage face à ses futures responsabilités.

Le problème religieux qui découle de l'universalisme hébraïque est avant tout un problème d'éducation. Il s'agit en effet de développer toutes les ressources spirituelles et morales déposées en chaque enfant, afin d'en faire un adulte responsable vis-à-vis de Dieu et de son prochain. Le problème de la Bible n'est ni le problème de Dieu, ni le problème de l'homme qui sont tous deux des évidences, mais le problème du monde qui a à devenir, non pas divin, mais authentiquement humain.

3- Les trois « états » métaphysiques

Le monothéisme éthique, qui implique la responsabilité de l'homme dans la création, entraîne une vision dynamique du monde. Aux trois états de la physique, solide, liquide, gazeux, l'Hébreu que nous qualifierons de « monothéiste pragmatique » envisage trois niveaux métaphysiques : le profane, le saint et l'impur.

a) Le Profane

Le profane, désigné dans la littérature rabbinique par le mot *hol* (sable) [12], représente la création, un état neutre du réel, mais géré par des lois naturelles, imposées par Dieu à l'origine. Le profane est l'expression de cette volonté divine. Dans cette conception, il n'y a aucune place possible pour un jugement négatif des réalités terrestres, car cela serait entendu comme une dépréciation de l'œuvre de Dieu. Les cieux/la terre, le corps/l'âme, la vie intellectuelle/la vie sexuelle, la prière/le travail, etc. ne forment plus des couples contradictoires et antagonistes, mais complémentaires et nécessaires, dans la pure logique dynamique du monothéisme. Le profane est divin.

Le judaïsme ne se départira jamais de cette vision, même si des tendances extrêmes apparaîtront inévitablement au cours des siècles.

b) La Sainteté

La « sainteté », *kéddoucha* signifie « séparation ». Le pragmatisme de l'Hébreu l'amène à distinguer la sainteté divine de la sainteté terrestre. Quand Isaïe par exemple rapporte : « Saint, saint, saint l'Eternel du cosmos » (VI) cela signifie que Dieu est totalement séparé, totalement Autre, totalement transcendant. Bien avant que Maïmonide l'exprime de façon magistrale, l'Hébreu perçoit dans cette sainteté un attribut négatif. En proclamant que Dieu est saint, aucune information n'est donnée sur Lui, si ce n'est qu'Il reste et restera à jamais inaccessible. Mathématiquement parlant, l'attribut de sainteté représente une limite infinie. Dieu « est » Saint, c'est-à-dire toujours inaccessible.

Par contre dans la vie de l'homme, la sainteté n'est pas un état stable, mais une dynamique, un effort d'élévation. Cette perception dynamique de la sainteté est d'une telle évidence, que le Talmud enseignera : « On monte dans la sainteté, on ne descend pas ».

---

12. Dans la Bible, on trouve plutôt la forme verbale H.L.L. = profaner.

Dès lors, la conception de « lieux saints » ou de « temps saints » au sens de lieu ou de temps portant quantitativement de la sainteté, comme un sac contenant des perles, n'est qu'une hérésie panthéiste. Jamais l'Hébreu authentique ne commit une telle faute de l'esprit, sauf quand il sombra dans les pièges du syncrétisme.

Ainsi la sanctification du Chabath ne veut pas dire que le temps du samedi possède une texture spirituelle particulière, mais que la conscience détachée, « séparée », des soucis de production économique, peut mieux saisir le sens de son existence, et ainsi mieux construire son temple intérieur, son être. De même, quand dans l'épisode du buisson ardent, Dieu exige que Moïse retire ses sandales, ce n'est point, comme on le traduit généralement, parce que la terre est sainte (la terre n'est jamais sainte, elle est toujours profane), mais parce qu'elle devient le lieu d'une expérience d'élévation de la conscience. Le Temple n'est pas saint en lui-même (ce que les panthéistes du peuple croyaient et que les prophètes condamnaient sans cesse), il est l'espace dans lequel la rencontre avec la transcendance est possible. Le prêtre ou *cohen* n'est pas ontologiquement plus saint qu'un simple fidèle d'Israël ou qu'un Gentil des nations, il est sanctifié, distingué, « séparé » pour une fonction religieuse précise[13]. Ainsi, un homme n'est jamais saint une fois pour toutes, il le devient toujours en sortant victorieux de son combat pour la vie.

Si cette vigilance à l'égard de la sainteté représente une règle d'or pour tous les hommes, que les sages et les saints des nations ont saisie dans leur propre recherche de vérité, elle devient pour tout Israël une loi collective. « Saints vous serez, car Saint Je suis L'Eternel votre Dieu » [14] (Lévitique XIX, 2). Commentons ce chapitre. Face au culte de la nature et des instincts, l'Éternel révèle un code civil et religieux qui touche tous les secteurs de

13. Afin que cette distinction ne fût pas entendue comme une supériorité de nature, le Talmud enseignait qu'un enfant adultérin (*mamzer*) érudit précédait un grand prêtre ignorant (Traité – Jurisprudence – *Horayoth* III).

14. On remarquera que le verbe pour Israël est au futur, soulignant que la sainteté est un devenir.

l'existence, comme le respect des parents, la préservation des lois du Chabath, le zèle dans l'accomplissement des devoirs religieux, la condamnation des idoles, du vol, du mensonge, et l'appel à aimer son prochain comme soi-même. Tous ces actes de vigilance sont considérés comme « surnaturels » car ils exigent une maîtrise des pulsions et une générosité gratuite en référence à la parole de l'Eternel.

Ainsi que le commente la tradition[15], le *Soyez saints* signifie « limitez-vous dans ce qui vous est permis ». Par ce principe, l'homme est vraiment homme, c'est-à-dire le seul vivant sur terre à réfréner sa propre nature et à gérer ses désirs les plus élémentaires. Les animaux ne connaissent pas cette qualité, et mangent, sans distinction, ce qui est bon pour leur corps. Par contre, le fermier de Judée ou de Galilée ne porte pas la serpe sur le coin de son champ, bien que cette superficie céréalière soit aussi le résultat de son labeur, car notre agriculteur a accepté la parole divine lui enjoignant de partager avec l'indigent : « il se limite dans ce qui lui est naturellement permis » !

Cette limitation, nécessaire pour que la vie sociale soit possible, n'engendre cependant aucun ascétisme, aucun rejet de la jouissance. Au contraire, l'Hébreu est au nom même du monothéisme, un bon « vivant », sachant éviter tout excès. Pas de gloutonnerie, ni d'abus d'alcool, pas de sexualité débridée, de paresse paralysante ou de spontanéité irréfléchie, c'est dans la voie moyenne, « royale » écrira Maïmonide, que l'homme avance et s'élève dans la sainteté.

c) L'impureté

L'impureté, *toumah* (de la racine *timtoum* = fermeture) le troisième « état », est liée à une diminution voire une suppression de vie, à un enfermement. Si la sainteté est une dynamique ascensionnelle, l'impureté est un état. On dit d'un objet ou d'un homme qu'il « est » pur ou qu'il « est » impur. La source de l'impureté,

15. Par exemple Rabbi Moché ben Hahman dit Nahmanide (1194-1270) exégète espagnol.

nommée par la suite dans le Talmud « grand-père de l'impureté » est la mort, qui signifie l'arrêt de l'information et de la conscience à soi, l'arrêt de la progression morale. La pire des morts pour la conscience est de stagner, de ne plus connaître le mouvement qui consiste à recevoir l'information ou à choisir la vie.

Pour l'Hébreu, cette notion d'impureté ne véhicule cependant aucune connotation péjorative, elle n'est pas synonyme de saleté et ne traduit aucun mépris. L'impureté de la femme par exemple, est simplement entendue comme la perte de l'œuf qui, s'il avait été fécondé, aurait donné un bébé. L'abomination (*toéva*), dont parle la Bible à propos de la zoophilie par exemple, signifie, avant tout jugement des personnes, l'irruption d'un désordre dans l'élan vital de la création.

Pour purifier un objet ou un individu, il est nécessaire de passer par l'eau (ablutions des mains, immersion dans un bain rituel). À l'époque du Temple, les prêtres pratiquaient des rites de purification très élaborés qui ne sont plus appliqués depuis la destruction du sanctuaire. L'eau symbole de mouvement, lieu d'émergence des premières formes de vie animée (Gn. I, 21), représente le contraire de la fermeture[16].

4- La liberté

Il ressort de cette classification que le profane devient l'espace de la liberté entre l'impureté et la mort, et la sainteté et la vie. Dès lors, le vocabulaire est redéfini : le bon et le mauvais au plan naturel deviennent le bien (*tov*) et le mal (*ra*) sur le plan éthique.

Faire le bien signifie donner plus de vie à autrui, être porteur de bénédiction, faire le mal signifie le contraire. En étant révélés par Dieu, le bien et le mal ne sont plus relatifs à une société

16. L'immersion dans le bain rituel est symboliquement parlante. Sous l'eau, la personne ne peut respirer, elle est provisoirement privée de vie. En émergeant, les poumons se remplissent d'air comme le bébé au sortir de la matrice. Cet air renvoie au souffle de Dieu qui planait sur la surface des eaux (Gn I, 2). Ainsi la valeur du bain rituel n'est pas seulement dans l'immersion, mais aussi dans la sortie à l'air.

donnée, à une culture particulière, ils prennent un caractère absolu, catégorique et universel. Seuls les rites et la manière d'invoquer Dieu marquent les différences.

Passer de l'état d'homme de nature à celui d'homme de sainteté, en s'éloignant de l'impureté, tel est le sens de l'interrogation de Dieu à Adam : « Où es-tu ? », à entendre par : « Où en es-tu ? ». L'*Adam* originel, créé à partir de la poussière de la terre est un animal biologique, préhistorique, androgyne à l'instar des cellules primaires. Il vit grâce au souffle divin qui fait de lui un *nefech haya*, un « souffle vivant », expression déjà utilisée pour les animaux apparus le sixième jour. Cet homme de nature est travaillé par ses désirs, ses pulsions, ses forces intérieures qui sont divines.

À cette créature particulière, Dieu offre le *tselem*, « l'image divine » qui est la liberté de faire le bien. Adam est alors capable d'entendre en lui-même l'impératif moral du Créateur : « De tous les arbres du jardin tu mangeras, mais de l'arbre de la connaissance du bien et du mal tu ne mangeras pas » (Gn. II, 16, 17). Par cette loi qui apprend à « se limiter dans ce qui est permis » (le fruit n'était pas empoisonné, mais bon pour le corps et l'esprit), l'*Adam* peut devenir le *Ich* du chapitre suivant, c'est-à-dire l'homme de l'éthique capable d'abord d'être en face de la *Icha*, la femme, pour faire du couple et de la sexualité, le sanctuaire de Dieu.

En d'autres termes, la question hébraïque de la liberté n'est pas de savoir comment abandonner le monde profane pour aller vers le divin, mais comment humaniser le divin dans le monde profane[17].

5- L'au-delà

Le fait que la Bible ne parle jamais de l'au-delà, du monde des âmes, du Paradis et de l'Enfer ne gêne nullement l'Hébreu, au contraire, cela l'arrange. Savoir qu'il existe un univers parallèle

17. De ce point de vue, nous restons très sensible aux propos de Luc Ferry dans *L'homme Dieu*, Ed. Grasset, quand il parle de réappropriation du divin par l'humain.

aurait contrarié son service divin. À aucun moment, les prophètes n'avancèrent l'argument d'une rétribution ou d'une punition dans l'autre monde, car pour eux, seule comptait la construction de la demeure divine sur terre, sans l'espoir de la moindre récompense. « La rétribution de la bonne action est la bonne action elle-même » dira en écho le Talmud. Quant à l'au-delà, Moïse avait déjà interdit toute spéculation, les secrets appartenant à Dieu (Deut. XXIX, 28) et le *Shéol* restant le lieu ouvert de la « question ».

À la lumière de l'archéologie, l'on peut même ajouter que par cette occultation, l'Hébreu voulait rompre avec l'Égypte et sa religion. En approfondissant notre connaissance de cette grande civilisation, l'on s'aperçoit à quel point la Torah a véritablement voulu inviter l'Hébreu à « sortir d'Égypte ». Ce fut là l'intuition de Maïmonide qui pensait que tout décret biblique (*hok*) non justifié par un événement historique, saisonnier ou un impératif social, n'était que le contre-pied d'une règle religieuse égyptienne, et plus généralement païenne (l'Égypte étant ici l'archétype du paganisme). Les interdictions de mélanger dans un même vêtement la laine et le lin, de faire cuire le chevreau dans le lait de sa mère[18], ou les sacrifices, relevaient d'un souci de servir Dieu ici et maintenant sans autre joie ou béatitude que celle tirée de cet accomplissement.

Pour l'Égyptien, la vie authentique était la vie après la mort à côté d'Osiris. C'est pourquoi il fallait momifier le corps, empêcher la putréfaction, aménager la sépulture, construire des chambres mortuaires adéquates. L'Hébreu, par sa longue servitude et par les souffrances endurées, avait compris qu'il fallait d'abord s'occuper de la réalité terrestre, alléger le fardeau du pauvre, aimer son prochain et « son lointain » comme soi-même, et bâtir une cité de justice et d'équité dans ce bas monde. Sans doute, ses constructions fantasmatiques d'un paradis luxuriant ou d'un enfer enflammé auraient fait sourire le fils authentique d'Abraham.

18. Les documents découverts à Ougarit (Liban) font mention d'un rite sacrificiel à la déesse Tanith, qui consistait à faire cuire un chevreau dans le lait de sa mère.

Si la question de l'immortalité de l'âme au sens théologique n'est jamais abordée par l'Hébreu, celui-ci est par contre persuadé que Dieu réalisera le miracle de la résurrection des morts. Telle était sa manière d'affirmer la victoire de la vie, et le triomphe du bien sur le mal.

6- Le mérite et l'alliance

Pour l'Hébreu, chaque homme possède son propre « état de nature » initial qui est la résultante de son éducation, de son milieu social, familial, de ses qualités intellectuelles, affectives, physiques, etc. Cet état de nature ou état profane est le point zéro de la démarche éthique, que seul Dieu qui « sonde les reins et les cœurs » peut connaître.

Si dans un temps *t* donné, un sujet réalise un effort moral (vis-à-vis de son prochain) ou un effort religieux (vis-à-vis de Dieu), l'écart « mathématique » entre l'état de nature initiale et le résultat de l'effort de sainteté, donne le « mérite » ou *zékhouth.*

Zékhouth vient de *zakh* qui signifie « épuré », utilisé par exemple à propos de l'huile d'olive. Le mérite est le degré d'épuration de l'être de nature dans son effort de sainteté. Pour l'Hébreu, cette valeur est fondamentale. Depuis Abraham, elle justifie *a posteriori* la grâce de la création. Certes, Dieu reste le Miséricordieux, mais l'homme devient par son effort personnel un vrai partenaire adulte, et non un enfant passif et docile.

C'est ainsi qu'il faut entendre « l'alliance », la rencontre de deux partenaires libres, et faibles l'un sans l'autre.

CHAPITRE 3

La tradition orale

1- L'écrit et l'oral

Le croyant affirme que, parallèlement au texte écrit, Moïse reçut un commentaire oral qui fut transmis de maître à élève[19]. Texte écrit et commentaires oraux avaient des statuts différents comme en témoigne le Talmud[20] : « Les paroles écrites tu ne pourras les transmettre oralement, les paroles orales tu ne pourras les transmettre par écrit. » La première règle affirmait que la parole divine était devenue un livre qui ne devait jamais être exposé par cœur, mais lu aux fidèles dans des manuscrits exacts et corrects. Quant à la tradition orale qui regroupait d'anciens commentaires et des interprétations plus récentes, des développements jurisprudentiels et des enseignements moraux et anecdotiques, la seconde règle lui donnait un caractère plus relatif mais plus dynamique

19. Traité - Pères - *Avoth* I,1.

20. Traité – Répudiations – *Guitin* 60b. Ces « tu » sont adressés par Dieu à Moïse, cf. glose de Rachi. Cf. également Talmud de Jérusalem - Rouleau d'Esther - *Méguila* IV,1.

aussi. Finalement, les rabbins voulaient à la fois maintenir la dialectique de l'interprétation orale et se garder de faire de leurs propos un équivalent du texte divin. Ajoutons que l'imprimerie n'existant pas, beaucoup d'enseignements étaient confiés à la mémoire, faculté d'autant plus puissante qu'elle était plus exercée, d'autant plus exercée qu'elle était plus nécessaire.

Les sages avaient renforcé cette faculté soit par la méthode du *drach* qui consistait à relier une instruction orale à la lettre écrite en s'appuyant sur un mot apparemment superflu ou sur une tournure grammaticale visiblement défectueuse, soit par une répétition fréquente des matières transmises, soit encore par des procédés mnémotechniques comme la cantilation[21] (*zémira*) usitée dans l'école juive comme dans l'école romaine, ou encore les énumérations chiffrées[22].

Mais dans les derniers siècles de la nationalité juive, les agitations politiques, les persécutions, les guerres intestines et étrangères compromirent nombre de ces traditions orales. C'est ainsi qu'il faut comprendre ce texte du Talmud[23] : « Quand les élèves d'Hillel et Chamaï[24] se furent multipliés, ils ne servirent plus correctement les maîtres, si bien que la loi (essentiellement une) sembla devenue comme deux lois. »

2- La Michna

Les agitations politiques et l'occupation romaine obligèrent une mise par écrit de ces enseignements oraux. Ce travail ne fut pas cependant le produit d'une seule génération, mais la lente compilation de commentaires véhiculés depuis des siècles. Cette période d'intense effervescence intellectuelle débuta avec le retour de Babylonie (env. 500 av. J.-C.).

21. Traité - Œuf – *Bétsa* 24a et glose de Rachi.
22. Traité – Mélanges – *Erouvin* 54b.
23. Traité – Grand Tribunal – *Sanhédrin* 88b.
24. Maîtres palestiniens de la fin du premier siècle av. J.-C.

La première période qui s'étendit sur cent cinquante ans fut celle des *sofrim* ou « scribes », qui furent les intermédiaires entre les prophètes et les docteurs de la loi proprement dits. Le dernier personnage connu de cette série fut le grand prêtre Simon le Juste, contemporain d'Alexandre le Grand. Ce savant ouvrit l'ère des Docteurs qui jugeant la Bible définitivement close et arrêtée dans sa forme, n'y virent plus qu'un champ d'investigation religieuse, et remplacèrent le titre de *sofrim* par celui plus modeste de *chonim*, « enseignants » ou *choné halakha*, « enseignants de la loi » ou dans sa formule chaldaïque *tanaïm*[25]. Si les scribes étaient d'une certaine manière les continuateurs de la Bible, les docteurs en furent les commentateurs, un peu comme les anciens sages grecs qui depuis Pythagore devinrent les *amants* de la *sagesse*. Les docteurs eux-mêmes passèrent de *hakhamim* « sages » à *talmidé hakhamim* « élèves de sages ».

La racine *choné* (*chéni* = deux) signifie « répéter » et par extension « repasser un texte, approfondir », d'où le mot *Michna* qui désignera la première compilation de la tradition orale. Cet ensemble de doctrines, d'interprétations rituelles, qui se fondait sur la Bible, servit plus tard de référence au développement talmudique.

Les fondations de cette œuvre furent posées par le célèbre Hillel, dit « l'Ancien » ou « le Babylonien », patriarche et président du grand tribunal rabbinique de Jérusalem, trente ans avant l'apparition du christianisme. Précurseur de l'exégèse talmudique, auteur des premières règles herméneutiques, il mérita le nom de Second Ezra et de Restaurateur de la Torah. Cette Michna d'Hillel fut ensuite enrichie par rabbi Aquiba, dont nous avons déjà parlé. Parmi ses disciples, citons rabbi Méir qui fonda une célèbre école à Tibériade, et à qui l'on attribue la plupart des textes anonymes de la Michna[26].

La rédaction définitive de la Michna est attribuée à rabbi Juda le Prince (*Yéhouda hanassi*), appelé aussi « notre saint rabbi »

25. Le mot *tanaïm* est une forme hybride chaldéo-judéenne, car en chaldéen on dirait *tanaé*.

26. Traité – Rouleau d'Esther – *Méguila* 3a.

ou par excellence *Rabbi*, mais plusieurs indices prouvent que la compilation s'étendit jusqu'au milieu du troisième siècle. La division de la Michna en six parties établie par Hillel resta inchangée par la suite, ce qui justifie la désignation de la Michna par *chicha sédarim* (chaldéen : *chet sidré*) « les six ordres », expression contractée en *chass*.

Ces six ordres sont :

1- *Semences* : les lois religieuses et sociales liées à la terre d'Israël, soit 10 livres.

2- *Les Rendez-vous* : les fêtes, soit 12 livres.

3- *Femmes* : la législation de la famille (mariage, divorce, héritage), soit 7 livres.

4- *Dommages* : la responsabilité civile, les tribunaux, les témoignages, les peines et condamnations, soit 10 livres.

5- *Saintetés* : les lois du Temple et des sacrifices, soit 11 livres.

6- *Puretés* : les lois de pureté et d'impureté, soit 12 livres.

L'ensemble des livres de la Michna se présente comme une série de petits textes, agencés par chapitres qui avancent les différentes interprétations des maîtres. La présentation est brève et l'analyse à peine développée, comme si les auteurs avaient été pressés par l'urgence de la situation économique et religieuse, et qu'il fallait aller à l'essentiel.

3- Les principes herméneutiques

En passant de l'oralité à l'écrit, cette tradition mit en évidence deux aspects fondamentaux de sa structure : une mémoire religieuse et des clefs d'interprétation.

Par « mémoire religieuse », nous entendons des traditions rituelles reliées à la Bible, qui ne sont pas mentionnées clairement par les versets. En effet, si le texte exprime sans la moindre contestation possible certains commandements – comme les signes caractéristiques des animaux permis ou interdits à la consommation –, d'autres resteraient totalement ignorés sans cette mémoire.

Prenons deux exemples.

a) Un verset du Deutéronome (VI, 8) dit : « *Tu les attacheras sur ton bras* ». À partir du contexte, il s'agit symboliquement d'un attachement affectif à la Torah (tel est le sens littéral de ce verset d'ailleurs), mais la loi orale parlera des *téfilines*[27], petits boîtiers contenant quelques versets bibliques placés sur le bras et la tête au moment de la prière.

b) Un autre verset du Deutéronome (XII, 21) dit : « *Tu l'abattras* (la bête) *comme je te l'ai dit* ». Or il n'est jamais fait mention dans le texte des modalités d'abattage rituel. Là encore c'est la tradition orale[28] qui donne tous les détails sur l'affûtage du couteau, sur la manière de tuer l'animal pour ne pas le faire souffrir, etc.

Par « clefs d'interprétation », nous entendons un certain nombre de règles herméneutiques qui permettent de déduire de nouvelles lois, religieuses ou sociales, à partir du Pentateuque. Le Talmud a conservé treize règles herméneutiques tels le raisonnement a fortiori, le principe d'analogie, l'influence du contexte. À partir de là, le maître pouvait construire toute une logique qui avait des implications à la fois rituelles et philosophiques, à condition de rester cohérent avec lui-même et avec l'esprit de la Bible. Ce sont ces interprétations multiples qui engendrèrent les différentes écoles.

4- Un exemple type : Hillel et Chamaï

Pour éclairer le lecteur de ce que la Michna nomme « les querelles en vue d'accomplir la volonté des Cieux », nous prendrons un exemple qui se trouve dans le premier traité du Talmud[29]. Deux écoles, issues des célèbres maîtres Hillel et Chamaï, du premier siècle avant l'ère chrétienne discutent de l'attitude physique à avoir au moment de la récitation du *Chéma Israël*.

Écoutons tout d'abord le texte sur lequel se fonde la discussion.

« *Écoute Israël, l'Eternel notre Dieu, l'Eternel est Un. Tu aimeras l'Eternel ton Dieu de tout ton cœur, de toute ton âme et*

27. Cf. Les Rites.
28. Traité – Choses profanes – *Houlin* 28a.
29. Traité – Bénédictions – *Bérakhoth* chap. 1.

de tous tes moyens. Ces paroles-ci que Je t'ordonne aujourd'hui seront sur ton cœur. Tu les enseigneras à tes fils et tu en parleras assis dans ta maison, et en allant sur le chemin, en te couchant et en te levant. » (Deut. VI).

Avant de mourir, Moïse exhorte les enfants d'Israël à reconnaître l'unité divine et à aimer l'Éternel, chacun selon sa capacité maximale. Il souligne l'obligation pour les pères de transmettre la parole de Dieu aux fils, et il termine en soulignant que tout lieu et tout temps seront propices à l'enseignement de cette parole. Bien que cela ne ressorte pas explicitement du texte, la tradition a entendu du dernier verset cité, l'obligation de réciter ce *Chéma Israël*, matin et soir. Sur ce point il n'existe aucune discussion d'écoles. Cette affirmation fait partie de ce que nous avons appelé « la mémoire religieuse ». Par contre, le débat portera sur l'attitude corporelle du prieur.

Pour Chamaï, l'homme devra adopter le soir une position allongée pour réciter le *Chéma*, et le matin se mettre en position debout, puisqu'il est dit « en te couchant, en te levant ». Hillel pense par contre que l'homme est libre de sa posture, puisqu'il est dit « en allant sur le chemin » c'est-à-dire, selon l'interprétation de ce maître, en adaptant l'attitude de celui qui est en voyage (debout s'il marche, assis s'il est en voiture, couché s'il est en litière, à califourchon s'il est à cheval).

Objection de Chamaï : que signifie alors l'expression « en te couchant, en te levant » ? Cela ne nous renseigne-t-il pas sur les attitudes de prière ? Réponse d'Hillel : « non, cela signifie que le *Chéma* sera récité au moment où les hommes généralement se couchent et au moment où les hommes généralement se lèvent ».

Sans prolonger davantage cette discussion, retenons que pour Chamaï l'expression « en te couchant et en te levant » nous donne le temps de proclamation et les postures, alors que pour Hillel, l'expression nous donne uniquement le temps de récitation, les attitudes étant déduites à partir de « en allant sur le chemin ».

Nous verrons dans un chapitre ultérieur, le sens religieux et existentiel de l'interprétation rabbinique, mais retenons pour le moment qu'au niveau herméneutique aucun maître n'a tort, chacun reconnaissant la nécessité de la proclamation de l'unité divine, et chacun étant cohérent avec lui-même dans son analyse. Le Talmud conclura cependant : « Celles-ci et celles-ci sont les paroles du Dieu vivant, mais la loi est comme Hillel » [30], ce dernier étant généralement plus souple et plus humble, la majorité des sages le suivirent. Malgré l'existence de nombreuses écoles divergentes, les sages essayèrent de réduire ces différences rituelles, pour ne pas donner l'impression qu'il existait plusieurs religions au sein du judaïsme ; ce qui constitue une gageure permanente !

5- Autres ouvrages de l'époque michnique

À côté de la Michna, d'autres compilations contemporaines ou antérieures virent le jour, sous la direction ou l'influence de rabbi Aquiba et de ses disciples comme rabbi Hiyya, rabbi Ochaya, Bar Kappara, etc. Ces recueils élaborés en dehors de l'école du rabbi Juda le Prince ont une valeur moindre dans la Synagogue, et ont pour noms génériques des expressions chaldéennes : *Matnita barayta* « Michna extérieure » ou tout simplement *Barayta* « extérieure », et *Tossefta* « Addition ».

6- Le Talmud

Ce que la Michna avait réalisé d'analyses sur la Bible, les rabbins postérieurs le réaliseront sur la Michna. Généralement rédigée dans un langage rapide, concis, plein de sous-entendus, la Michna avait besoin de son propre commentaire. Les Académies de Palestine et de Babylonie prirent pour tâche, à partir du troisième siècle, de rechercher le sens exact de l'œuvre des *tanaïm*. Il fallait trouver la source des propos, le lien entre le texte écrit et la tradition orale, concilier les différences ou les contradictions, compléter la Michna en tirant des conclusions pour des cas nouveaux ou à venir, enfin trancher la loi pratique. Ce travail,

30. Traité – Mélanges – *Erouvin* 13b.

commencé par les élèves de *Rabbi*, fut nommé *Guémara* « Complément » ou *Talmud* « Ce qui est étudié », le second terme désignant par extension la tradition orale.

Il existe en fait deux Talmud : celui de Jérusalem et celui de Babylone. Les sages qui y sont mentionnés portent le titre d'*amoraïm* « interprètes », titre plus modeste que *tanaïm*. En effet s'ils interprètent la parole des anciens, ils ne peuvent la contredire, à moins d'avoir pour garant quelque autre sage de l'époque michnique[31].

Ces deux Talmud furent écrits successivement, le premier sous domination romaine, le second sous celle des Perses et des Arabes. Le Talmud de Jérusalem, qui porte le nom de la capitale judéenne en fidélité pour sa centralité religieuse, fut fondé par rabbi Yohanan bar Nafa, nommé vers 230 chef de l'Académie de Tibériade, et décédé vers 278. Le dernier Patriarche palestinien, rabbi Gamliel ben Yéhouda promu en 385 (pour d'autres 415) semble avoir clôturé le travail de ses prédécesseurs.

C'est précisément vers l'an 400 que sur les bords de l'Euphrate, commença l'élaboration du Talmud de Babylone (Irak). Celui qui donna l'impulsion de cet immense travail fut rav[32] Achi ou Aché nommé en 367 chef de l'importante académie de Soura et décédé en 427. Parmi ses collaborateurs citons son fils Mar, son successeur immédiat Mérémar, ainsi que Ravina le dernier des *amoraïm*, mort vers 500 et qui passe pour avoir clôturé le Talmud babylonien. Cependant, plusieurs additions ou corrections furent apportées par les *saboraïm* « raisonneurs », dans le sens de disciples, qui fonctionnèrent en Irak pendant un siècle environ, puis par les premiers *guéonim* « éminences », parmi lesquels il faut citer rav Yéhoudaï et son école, dans la première moitié du VIIIe siècle.

Ainsi, un intervalle de près de trois siècles et demi fut consacré à cette immense compilation qui acquit sur son aîné palestinien

31. Traité – Mélanges – *Erouvin* 50b, – Porte Médiane – *Baba Métsia* 5a.

32. Les rabbins de Palestine portaient le titre de « rabbi » (mon maître), ceux de Babylonie celui de « rav » (maître).

une prépondérance qu'elle a gardée jusqu'aujourd'hui, prépondérance due autant aux qualités de l'ouvrage, supérieur en étendue comme en profondeur, qu'au déclin du judaïsme de terre sainte. Il faudra attendre la création de l'État d'Israël en 1948, pour voir refleurir dans tout le pays les académies talmudiques sur le sol ancestral.

7- Le Midrash

Comme la Michna ou le Talmud, le Midrash fut un travail collectif. De la racine *daroch* « rechercher », le Midrash a d'abord été une « méthode d'interprétation » avant de devenir une « quête » au plan éthique, philosophique ou anecdotique à partir de l'Écriture, la partie purement anecdotique portant le nom de *Haggada* ou « Récit ».

Nous entendons par « méthode d'interprétation », cette démarche qui consiste à relier un enseignement de la tradition orale au texte écrit. Une formule récurrente dans le Talmud est *ména ani milé* ? « D'où savons-nous cela ? », en d'autres termes : « Comment pouvons-nous relier notre rite quotidien (qui n'est pas mentionné explicitement dans un verset) à la Torah ? » [33].

Ce type de question était fondamental, non seulement pour s'opposer aux Sadducéens qui reniaient l'existence d'une tradition orale, mais aussi afin de bien souligner les liens indéfectibles entre l'oral et l'écrit. À ce stade, le Midrash était vraiment du *drach*, de la « recherche » analytique, afin de fonder le rite.

Citons deux exemples.

a) À propos du verset « *afin que tu te souviennes de ta sortie d'Égypte tous les jours de ta vie* » (Deut. XVI, 3), les rabbins enseignent : s'il était écrit « les jours de ta vie », cela signifierait que le souvenir de la sortie d'Égypte n'avait de sens que dans ce monde-ci ; puisque la Torah dit : « TOUS les jours de ta vie »

33. Par ex. Traité – Bénédictions – *Bérakhoth* 35a. « Quelle est la source scripturaire des bénédictions récitées avant la consommation d'un aliment ? »

cela implique que le souvenir de la première libération restera vivace même à l'époque messianique[34]. Incontournable mémoire !

b) À partir du verset « Car en ce jour, devant l'Éternel vous serez purifiés » (Lev. XVI, 30), la tradition déduit que le jour de Kippour pardonne les fautes commises vis-à-vis de Dieu « *devant l'Éternel* », mais les fautes à l'égard d'autrui ne seront pardonnées qu'en se réconciliant avec lui[35].

Si le *drach* est d'abord une méthode analytique, il devient très vite, justement parce que les versets peuvent être interprétés, une ouverture de lecture à partir d'une expression ou d'un mot. Dès lors, peu importe pour l'auteur de savoir si l'anecdote rapportée est vraie ou non, seule la leçon religieuse ou éthique sera signifiante. Alors que le Talmud demande des qualités d'analyse, de logique et de mémoire et est donc obligatoirement élitiste, le Midrash par son côté narratif s'adresse à la masse des croyants et à leur imagination, c'est pourquoi il sera si bien accueilli par les fidèles.

Nous pouvons avancer sans nous tromper que le Midrash est né au retour de l'Exil à Babylone avec Ezra. Certains docteurs acquirent une grande célébrité dans ce domaine comme rabbi Simon ben Chétah, beau-frère du roi Alexandre Jannée (106-79 av. J.-C.) ou Chémaya et Avtalione qui reçurent chacun le titre de *darchan* « maître dans l'art du drach ». Mais l'âge d'or du Midrash reste sans contexte les quatre premiers siècles de notre ère, au moment où se formaient la Michna et le Talmud. C'est en Judée que naîtront les premiers ouvrages (Ier siècle) : la *Mékhilta* (sur l'Exode) attribuée à rabbi Ishmaël, auteur par ailleurs des treize procédés herméneutiques qui jouent un rôle clef dans les analyses talmudiques, le *Sifra* (sur Lévitique), désigné aussi par « Midrash du Lévitique », attribué à rabbi Yéhouda ben Elaï et le *Sifré* (sur Nombres et Deutéronome) attribué à rabbi Simon bar Yohaï. Le contenu de ces livres est moitié rituel (*halakha*) et moitié éthique ou anecdotique (*haggada*). Dans le Midrash, nous pouvons inclure certains ouvrages mystiques comme les *Chapitres de rabbi Eliézer* ou les *Lettres de rabbi Aquiba*.

34. Traité – Bénédictions – *Bérakhoth* 12b.

35. Traité – Le Jour – *Yoma* 85b.

Paradoxalement, alors que le Talmud palestinien se fermait vers l'an 400, le Midrash se développa dans le même pays. Comment expliquer ce paradoxe ? Nous proposerons cette réponse : les juifs palestiniens, suite à la destruction de Jérusalem et aux conditions économiques désastreuses dans lesquelles ils étaient plongés, avaient besoin d'alimenter leur foi et leur courage religieux. Entre l'aridité d'une analyse rituelle et l'ouverture d'une homélie *haggadique,* ils choisirent le Midrash, comme plus tard au XVIIIe siècle Israël Baal Chem Tov proposa la *hassidouth* plutôt que le Talmud aux juifs du ghetto pour leur faire oublier leur misère terrestre. Ainsi naquirent au IVe siècle la *Pessikta*, le Midrash *Tanhouma* et surtout le Midrash *Rabba* sur le Pentateuque et les cinq rouleaux des Hagiographes.

8- La chééla-outchouva

Littéralement cette expression signifie « question-réponse » et désigne la correspondance entre un fidèle et son rabbin, afin d'éclairer le premier sur un sujet difficile de la tradition juive, et en particulier sur une conduite rituelle. La difficulté pour le fidèle de trouver une réponse est double : son ignorance en général du Talmud, qu'il faut avoir parcouru en totalité pour bien saisir toutes les nuances rituelles, et l'aspect novateur de son problème par rapport à l'époque talmudique (l'électricité par exemple n'existait pas). L'exil, les soucis économiques ont fait que les juifs n'avaient plus la possibilité d'approfondir le savoir ancestral, c'est pourquoi ils écrivaient à leur rabbin pour obtenir des réponses à leurs questions. Depuis la clôture du canon talmudique, des milliers de ces *responsa* ont été recensées dont certains sont encore sous forme manuscrite.

CHAPITRE 4

Les fêtes toraïques

Les rites ou mitsvoth sont le cœur même de la vie juive, sans cette pratique et l'étude qui l'accompagne, le judaïsme ne se serait sans doute pas maintenu durant les tourmentes de son histoire. Commençons par les solennités qui rythment l'année juive.

1- Le Chabath

Le Chabath de Dieu

C'est à la fin du premier chapitre de la Genèse que le septième jour est mentionné comme Chabath de Dieu. La traduction « repos » présente une difficulté théologique : quelle serait la nature de la fatigue divine ? S'il est vrai que la Bible utilise un langage anthropomorphique pour décrire l'action du Créateur, ce vocabulaire ne peut malgré tout diminuer la conception que nous nous faisons des attributs divins. En fait, *chabath* signifie « cessation », comme dans Genèse VIII, 22, quand l'Eternel annonce à Noé : « *Encore, tous les jours de la terre, semence et moisson, froideur et chaleur, été et hiver, jour et nuit ne cesseront* (yichbotou). »

De quelle cessation s'agit-il ? Eh bien durant les six jours[36] que la tradition rabbinique nomme le *maassé béréchith*, « l'œuvre du commencement », le Créateur agit seul pour construire le décor de l'homme. Toute la structure physique de l'univers est établie dans ce temps de l'origine. Le miracle de la création en se répétant donnera la nature, telle que nous la percevons par nos sens immédiats, et telle que la science la connaît par ses investigations.

Mais quand Adam apparaît, Dieu cesse son travail. Cela ne signifie pas qu'Il abandonne la terre, mais qu'Il n'introduit plus de nouvelles lois. Cette stabilité garantira la liberté de l'homme, qui pourra choisir en toute conscience.

Le choix de l'expression *maassé béréchith* n'est pas fortuit, il découle d'une analyse serrée de la Bible dans laquelle Dieu est présenté comme l'Être qui commence. Le septième jour, le Créateur achève le commencement, c'est-à-dire sa part d'engagement. Le monde n'est pas achevé, il reste encore du scandale théologique (maladies, souffrances, catastrophes), mais il est *historisé*, afin que l'homme puisse par sa volonté parachever la création en introduisant l'ordre moral révélé par Dieu. Ainsi pour la Bible, Dieu est présent au monde par la vie et la loi qu'Il offre, mais sans imposer sa volonté aux créatures. D'où la nécessité du partenariat et de l'Alliance.

Dès lors, le Chabath de Dieu possède une dimension universelle, aussi universelle que les principes de la gravitation ou les structures de l'ADN, puisque ce « septième jour » est en fait le temps d'Histoire.

Du point de vue monothéiste, l'humanité tout entière se trouve concernée par le Chabath. Si plus tard, Israël reçoit ce jour comme institution sociale, c'est afin de construire sa conscience spirituelle.

---

36. *Yom* peut signifier « jour » par rapport à la nuit ou « journée » de 24 heures, voire mille ans comme dans le psaume XIX. La foi juive n'est pas ébranlée par la datation de la terre en millions d'années, puisque la Bible n'est pas un livre de science. Ce qui importe pour la foi est de reconnaître l'existence d'un Créateur. Signalons que *yom* s'approche de *yam* « la mer ». Pour l'Hébreu, le temps qui passe ressemble à un océan dans lequel l'homme est plongé. *L'écume des jours* de Boris Vian trouve ici un partenaire linguistique inattendu.

Mais dans l'absolu, chaque fois que deux hommes, deux communautés, deux peuples sont capables de vivre ensemble, sans indifférence, ni hégémonie, cela signifie que chacun a été capable de faire Chabath par rapport à l'autre[37], chacun a su user avec sagesse de sa liberté. Les intégrismes, qu'ils soient religieux ou politiques, deviennent dans cette logique, synonymes de profanation du Chabath, et donc aussi destructeurs du monde que la radioactivité ou que la pollution atmosphérique.

L'on comprend alors pourquoi le Chabath est béni et sanctifié (Gn II, 3) c'est-à-dire reconnu comme source de plus d'être[38] et distingué[39] pour l'élévation morale et spirituelle. Par le respect du Chabath, un jour est offert où l'évidence de Dieu sera plus perceptible, où un sens pourra apparaître afin de ne pas basculer dans l'absurde et le tragique. L'espérance du monde est placée ainsi au cœur de l'existence.

Le quatrième Commandement

« *Souviens-toi du jour du Chabath pour le sanctifier. Six jours tu travailleras et feras toute ton œuvre. Et le septième jour, Cessation pour l'Eternel ton Dieu*[40]. »

Parmi les six cent treize *mitsvoth*, le Chabath apparaît immédiatement gravé sur les pierres d'Alliance. Si le but de la sortie d'Égypte est d'arriver en Canaan[41] afin de constituer « la royauté de prêtres », cette société humaine confrontée aux réalités politiques, économiques et sociales, et éclairée par la parole divine, l'on comprend que le travail soit de suite légiféré. En donnant le Chabath aux hommes, Dieu fonde corollairement le droit au

37. Remarquons que les deux récits qui suivent la création du Chabath sont ceux d'« Adam et Eve » et « Caïn et Abel ». Or, ces deux épisodes sont décrits comme des échecs, car il y a chez les protagonistes une volonté d'hégémonie sur l'environnement et finalement le refus de l'esprit du Chabath.
38. Le verbe B.R.KH = bénir est formé de trois lettres liées au chiffre 2. *Beth* = 2. *Rech* = 200. *Kaf* = 20. La bénédiction est « le plus ».
39. Sanctifier signifie distinguer, séparer.
40. Exode XX, 8 à 11. Pour la différence entre les premières tables et les secondes, nous renvoyons le lecteur à notre ouvrage *op.cit.* « Le sage supérieur au prophète ».
41. Exode IV : « Je vous délivrerai... et Je vous amènerai vers la terre jurée à Abraham ».

travail. Pas de travail sans Chabath, pas de Chabath sans travail. En d'autres termes, si l'investissement dans le monde appelle un sens, le sens doit alimenter une action et ne pas rester éthéré. Quelle valeur peut avoir le septième jour pour un SDF, un miséreux, pour qui tous les jours de la semaine se ressemblent dans leur morosité et leur détresse ? Le croyant monothéiste voyage ainsi entre ciel et terre, entre idée et réalité, sans jamais basculer dans un extrême. Nous retrouvons le défi de l'Hébreu qui est « le traversant », qui vit un mouvement permanent de la conscience, qui passe toujours d'une rive à l'autre. Sédentaire et nomade à la fois[42].

De l'espace au temps

L'ensemble des travaux interdits le Chabath est déduit du chapitre XXXI de l'Exode. Re-situons le contexte. Au mont Sinaï, Moïse reçoit les tables d'Alliance, mais également l'ordre de la construction d'un Temple portatif, le Michkane ou « Lieu de résidence » (Exode XXV à XXXI, 11). Ces chapitres s'achèvent par : « *Cependant mes Chabath vous garderez, car c'est un signe entre Moi et vous pour vos générations, afin de savoir que Je suis l'Eternel qui vous sanctifie. Les enfants d'Israël garderont le Chabath pour faire du Chabath une alliance pour leur génération, alliance perpétuelle. Puis Il donna à Moïse, quand Il eut terminé de lui parler au mont Sinaï, les deux tables de témoignages, tables de pierre écrites du doigt de Dieu.* » (Exode XXXI 13 à 18).

Cette juxtaposition fait dire à la Tradition[43] que l'érection du Sanctuaire ne devait nullement remettre en cause le respect du Chabath. Malgré l'importance de l'édifice qui allait devenir géographiquement le centre de la vie religieuse, le Chabath devait rester le centre du temps[44]. Une manière de dire que la construc-

42. Claude Riveline *Petit traité pour expliquer le judaïsme aux non-Juifs*. Ed. ACIP. 1997.

43. Rachi sur Exode XXXI,13 : « Et bien que je t'aie demandé de leur ordonner de réaliser le sanctuaire, ne considère pas le Chabath comme léger à tes yeux en raison de cette œuvre ».

44 Traité - Cessation - *Chabath* 114b : « Rav Aha enseigne : Comment savons-nous que c'est la Torah qui nous demande de changer de vêtements pour Chabath, car il est dit : Puis il (le prêtre) quittera ses habits et en mettra d'autres. » Ce texte montre bien, à partir de l'exemple du prêtre, que dans l'esprit de la tradition juive le Chabath est un Temple dans le temps.

tion du Temple intérieur, celui de l'Être, est bien supérieure à cette œuvre architecturale qui, somme toute, n'était qu'une préfiguration extériorisée de ce que devait être le véritable Temple du cœur[45].

Ainsi en ne travaillant pas, les enfants d'Israël étaient sanctifiés, distingués pour témoigner du Créateur. Du même coup, toutes les tâches qui servaient à la réalisation du *Michkane*, devenaient prohibées. Telle est l'origine des 39 travaux interdits qui concernent l'activité humaine de base comme cuisiner, coudre, écrire, bâtir, déplacer des outils. À ces travaux de base, les rabbins ajoutèrent des « barrières », notamment le fait de ne pas manipuler d'objets touchant de près ou de loin la production économique (téléphone portable, billets de banque, calculatrice, stylo, etc.).

Dans la pratique

Le Chabath est organisé depuis le vendredi, voire depuis le jeudi soir. Les vêtements sont lavés et repassés, un repas plus copieux que celui de la semaine est préparé (chaque communauté possède son plat, « la carpe farcie » dans le monde ashkénaze, « le couscous » ou « la tafina » dans le monde séfarade), enfin la maison est rangée, non sans passer par un état de tohu-bohu, situation incontournable dans la majorité des foyers. Afin de donner plus de faste à cette préparation, le Chabath a été comparé à une reine que chaque membre de la famille s'apprête à recevoir.

Le Chabath commence le vendredi soir au coucher du soleil, le jour commençant depuis la veille dans le calendrier hébraïque. C'est l'honneur de l'épouse d'allumer à son domicile au moins deux bougies ou deux veilleuses pour marquer l'entrée du septième jour. À la synagogue, la communauté chante les airs traditionnels comme le célèbre *lekha dodi*, poème liturgique composé au XVIe siècle, à Safed par Salomon Halévi Elkabetz, et qui rappelle que le Chabath est le temps privilégié de la rencontre entre Dieu et Israël.

45. Exode XXV,8 : « Ils me feront un sanctuaire et Je résiderai à l'intérieur d'eux » c'est-à-dire dans le cœur de chacun.

À la maison, la famille réunie autour de la table récite le *kiddouch*, ou « sanctification » qui proclame la création du monde et rappelle la sortie d'Égypte. Le Chabath devient ainsi mémoire des origines et expérience de libération de l'homme. Après cette courte prière, le père boit le vin et le partage avec les présents, puis il bénit l'Éternel en tenant deux pains, souvenir de la double ration de manne qui tombait dans le camp des Hébreux, avant d'en distribuer un morceau à chacun. Pendant le repas, la famille entonne des airs de circonstance ou discute de la *paracha*, la section hebdomadaire du Pentateuque qui sera lue le lendemain à l'office.

Au matin, la communauté se rassemble à la synagogue pour la prière. Alors que celle de la semaine est relativement courte pour permettre aux fidèles d'arriver à l'heure au travail, celle du samedi matin peut durer jusqu'à trois ou quatre heures. Les fidèles, ne travaillant pas ce jour-là, aiment participer à ce bel office divisé en trois moments distincts : la prière du matin, la lecture de la Torah et la récitation du *moussaf* ou prière supplémentaire[46]. De retour à la maison, la famille prend son deuxième repas.

Le Chabath est consacré au repos physique, mais surtout à l'étude. Tous ceux qui sont absorbés par les soucis quotidiens n'ont pas toujours le temps d'ouvrir un livre de Bible, de Talmud ou de Midrash pour approfondir leurs connaissances, aussi dans beaucoup de communautés le rabbin organise-t-il des cours avant l'office de l'après-midi. Durant cet office, le rouleau de la Torah est de nouveau sorti et une partie de la *paracha* de la semaine suivante est lue comme pour souligner que les Chabath forment une grande chaîne au cœur de l'année juive.

2- Les fêtes de pèlerinage

Les trois pieds

La Torah parle de trois fêtes comme trois moments privilégiés de l'année agricole où les tribus devaient monter au Temple de

46. Cf. chapitre « La prière ».

Jérusalem. Pessah (Pâque) rappelle la sortie d'Égypte, Chavouoth, (Pentecôte), la révélation du Sinaï et Souccoth (Cabanes), la protection divine durant la traversée du désert. Cette dernière s'achève par Chémini Atséreth (Huitième jour de clôture), à entendre comme fin de l'année agricole et religieuse.

La tradition parle des *chaloch régalim*, « les trois pieds », pour indiquer que durant ces grandes solennités les tribus d'Israël pèlerinaient à Jérusalem pour accomplir dans le Temple, les rites adéquats et reconstituer l'unité du peuple comme au moment de la sortie d'Égypte.

Le hag

Le terme consacré pour désigner la fête est *hag*. On peut le rapprocher de l'arabe *hageg* « pèlerin ». Le *hag* appelle un déplacement et une rencontre avec Dieu dans le lieu choisi par Lui. Ce terme désigne uniquement ces trois solennités. Les fêtes du Nouvel An et les fêtes d'institution rabbinique qui n'exigeaient pas ce mouvement sont désignées abusivement par ce terme.

La montée à Jérusalem

Pendant ces fêtes, les hommes[47] de toutes les tribus montaient à Jérusalem, les Hébreux ne connaissant pas d'autres lieux de culte que le Sanctuaire. Cette montée répondait à plusieurs finalités. Elle reconstituait l'unité de la nation comme lors de la sortie d'Égypte. Elle favorisait également le nomadisme des agriculteurs sédentaires, ce qui était une manière d'éduquer la conscience à la fragilité de la vie et de la vacciner contre l'esprit d'enfermement, ou la xénophobie. Dans cette marche, se faisait entendre le discours d'Abraham qui annonçait aux fils de Heth : « *Je suis un étranger séjournant au milieu de vous* » (Gn. XXIII, 4). « Étranger » d'abord, « séjournant » ensuite.

47. En fait seuls les hommes de plus de treize ans avaient le devoir religieux de monter au Temple, la Torah n'ayant pas voulu imposer aux femmes et aux enfants de longs déplacements. Une seule cérémonie, qui avait lieu tous les sept ans, obligeait hommes, femmes et enfants à se présenter à Jérusalem pendant la fête de Souccoth.

C'est parce que le patriarche se connaissait comme être de passage qu'il pouvait s'installer. Enfin, cette montée vers le haut-lieu de la spiritualité soulignait l'élévation des fidèles vers Dieu. Au déplacement du corps répondaient les aspirations de l'âme.

De la Théologie à l'Histoire

Si le Chabath révèle le Dieu créateur, le Dieu de la théologie, les trois fêtes dévoilent le Dieu dans l'Histoire, qui « sauve le pauvre asservi par le puissant ». En inaugurant le calendrier spécifique d'Israël au mois de nissan, celui de la sortie d'Égypte, la Torah a voulu ainsi souligner la prééminence de l'historique sur le théologique. Pour l'hébraïsme, si la religion ne donne pas à penser un engagement dans le monde, alors elle se disqualifie en se dénaturant. Si le religieux est nécessaire pour fonder l'éthique, alors il ne peut qu'appeler à imiter Abraham et non à s'enfermer comme Noé. C'est pourquoi l'Éternel se présenta au Sinaï comme le libérateur et non comme le créateur des cieux et de la terre.

Des fêtes agricoles

Les fêtes de pèlerinage sont d'abord des moments agricoles qui rythment la vie économique. Pessah est la fête du printemps, Chavouoth celle de la moisson du blé et Souccoth celle de l'engrangement. Ce qui caractérise ces rendez-vous et donne leur cachet spécifique aux solennités hébraïques est la correspondance de ces temps naturels avec des événements historiques. Dès lors, la nature n'est plus anonyme, elle est liée à la volonté de Dieu qui se manifesta pour sauver Israël.

Si l'investissement économique répond à la triple exigence de manger, se vêtir et se loger, par ces solennités ces trois valeurs sont sanctifiées. À Pessah, l'on mange le pain de la libération, à Chavouoth, on lave son habit[48] pour recevoir la parole divine, à Souccoth, on construit la cabane de la paix entre les hommes.

48. Cf. Exode XIX,14.

Dans la pratique

Pessah, tout d'abord, est la fête qui exige le plus de préparation. Durant près d'un mois, la maison est nettoyée de fond en comble afin d'éliminer toute trace de pain, et de façon plus générale les cinq céréales : blé, orge, avoine, seigle et épeautre – sous forme solide ou liquide – qui auraient pu fermenter dans une chambre. Ce grand ménage de printemps fait référence à l'interdiction non seulement de manger mais même de posséder, voire de tirer un quelconque profit de ce que la Torah nomme le *hametz* (matière levée).

Au niveau de l'esprit, ce nettoyage correspond à une introspection intérieure. Ici, le *hametz* symbolise tous les défauts humains, et notamment l'orgueil qu'il faut éliminer pour mériter sa propre sortie d'Égypte. L'image est souvent utilisée qui compare le pain rempli d'air au vaniteux, alors que le pain azyme plat représente l'homme humble.

Le soir de Pessah marque la consécration de tous ces efforts. Toute la famille – parfois trois ou quatre générations – se retrouve attablée pour lire la *Haggada*, le « Récit » de la libération d'Égypte. Ce recueil constitué de versets bibliques, de textes talmudiques ou midrashiques n'est que le prétexte d'un long commentaire dont le centre est l'enfant. Pour le judaïsme, le lieu idéal de la transmission de la mémoire affective est la table familiale, l'école ne servant qu'à approfondir les connaissances. L'on peut comparer cette expérience à ces grandes veillées dans les chaumières où les anciens transmettaient aux nouvelles générations tout le savoir antérieur.

Cette soirée commence par une invitation lancée aux plus pauvres et aux plus démunis : « *Quiconque a faim vienne et mange, quiconque est dans le besoin vienne fêter Pâque. Cette année esclaves, l'an prochain libres; cette année ici, l'an prochain dans le pays d'Israël.* »

L'expérience de la libération ne doit pas se transformer en aventure égoïste et individualiste, mais s'ouvrir à la servitude de l'autre, à son manque, tant sur le plan matériel (*Quiconque a faim vienne et mange*), que sur le plan religieux (*quiconque est dans le besoin vienne fêter Pâque*). Le juif, tout en vivant pleinement sa citoyenneté dans son pays, n'oublie pas que la terre d'Israël reste le centre spirituel du projet divin, et que le retour à Sion soulignera non seulement le rassemblement des exilés, mais aussi la paix universelle annoncée par les prophètes. Dans beaucoup de communautés, cette invitation s'est transformée en un grand repas communautaire où de nombreuses familles, des étudiants isolés et des pauvres se retrouvent pour vivre ensemble ce moment fondateur de la foi juive.

La cérémonie se poursuivra avec les quatre questions du plus jeune enfant, questions inaugurées par : « *Pourquoi cette nuit est-elle différente des autres nuits ?* » En la circonstance, il ne s'agit pas d'un enseignement *ex cathedra* mais d'un dialogue entre parents et enfants afin d'exprimer dans les catégories de pensée de la nouvelle génération ce qui a été reçu par les pères.

Sur la table, un plateau contient toutes sortes d'aliments à valeur symbolique : le pain azyme en souvenir de la sortie précipitée d'Égypte, des herbes amères évoquant l'amertume de l'esclavage, une compote à base de dattes, de pommes et de vin rappelant le mortier avec lequel les Hébreux bâtissaient les pyramides, de l'eau salée comme les larmes, un os d'agneau souvenir de l'agneau pascal qui était sacrifié uniquement dans le Temple, et un œuf remplaçant le sacrifice spécifique aux fêtes de pèlerinage et symbole du Temple détruit. Questions, réponses, chants et commentaires, manducations et prières, repas et louanges, tels sont les constituants de cette nuit différente qui se poursuivra souvent après minuit.

À la synagogue, l'office est organisé durant toute la semaine avec une liturgie spécifique. Selon la Bible, le premier et le dernier jour de Pâque sont chômés, seule la cuisson des mets sous certaines conditions est licite. Les jours intermédiaires appelés *hol hamoed* (littéralement « profane dans la fête ») sont considérés comme des demi-fêtes, car le travail y est licite. Durant cette fête, le fidèle ne consommera ni pain, ni pâte, ni bière, et plus généralement rien de ce qui est considéré comme *hametz*.

À partir de la deuxième nuit de Pâque, le fidèle compte les jours et les semaines le séparant de Chavouoth, cette période se nomme l'Omer, en souvenir de la mesure d'orge (l'omer) qu'on offrait au Temple le lendemain du premier jour de Pessah. Mais cette supputation souligne aussi que la libération physique ne trouvera son aboutissement que par l'acceptation de la loi divine.

Chavouoth est une fête discrète comparée à Pâque ou à Souccoth. Ici aucun signe distinctif. Cette théophanie grandiose qui marque la rencontre de toute une humanité avec le Créateur est soulignée par la lecture des Dix Commandements à la synagogue. Toute la fête de Pentecôte est là dans ce texte de 620 lettres[49] chanté selon un air plus solennel qu'à l'accoutumée et qui rappelle que « Dieu parle aux hommes ». Dans de nombreuses communautés, on a pris l'habitude de rester éveillé toute la nuit pour étudier la Torah et se préparer ainsi à recevoir au petit matin les tables d'Alliance.

Souccoth rappelle la traversée du désert et la protection que l'Éternel accorda aux Hébreux pendant les quarante ans de leur voyage. Cette solennité joyeuse, qui marque la fin du cycle agricole, est une fête visible, surtout en Israël. Pendant une semaine en effet, une cabane au toit de feuillage devient « la demeure fixe » de la famille qui y prendra ses repas, certains allant jusqu'à y dormir.

Quitter son habitation habituelle pour se placer sous un toit fragile, traduit ce souci permanent de la conscience hébraïque de ne pas s'asseoir dans un confort égoïste, de ne pas faire de la religion un lieu d'enfermement et d'intolérance mais au contraire de la rendre conviviale, vivante, dans la paix des cœurs. Dès lors, la *souccah* (la cabane) devient préfiguration de la rencontre des peuples et de la réconciliation annoncées par les prophètes. Ce n'est pas par hasard qu'à l'époque du Temple, Israël offrait

49. « 620 » correspond aux 7 lois noahides auxquelles s'ajoutent les 613 commandements d'Israël, une manière de dire que les Dix Commandements concernent l'humanité tout entière. Un midrach va dans le même sens qui affirme que le nombre de commentaires d'un verset s'élève à 70 comme le nombre de nations issues de Babel.

à cette occasion soixante-dix taureaux en sacrifice pour les soixante-dix nations de la terre, nées après l'épisode de la Tour de Babel.

C'est pendant cette fête également que le fidèle agite un bouquet de quatre végétaux (palmier, saule, myrte et cédrat) pour demander les pluies de bénédiction pour la terre entière. Certains ont vu dans ces quatre espèces les fondateurs de l'identité d'Israël : les trois myrtes correspondent aux trois patriarches, le palmier à Joseph, les deux tiges de saule à Moïse et Aaron et le cédrat à David. Une manière de relier le rite à la mémoire. D'autres y voient quatre sortes d'individus sur l'échelle morale du plus juste (le cédrat) au plus pauvre spirituellement (le saule), amenés à s'unir pour recevoir la bénédiction divine. Cette belle image est souvent rappelée en Israël ou dans la communauté quand les tensions entre laïcs, orthodoxes et libéraux deviennent trop fortes.

3- Roch Hachana

Le Nouvel An

Alors que le Chabath ou les fêtes de pèlerinage sont liés à des événements précis, nous ne trouvons dans le texte biblique aucun événement qui justifierait la célébration de Roch Hachana. Écoutons le Lévitique (XXIII, 24 et 25) : « *Le septième mois, le premier du mois sera pour vous cessation, souvenir de sonnerie, appel de sainteté. Tout travail vous ne ferez point, et vous approcherez un feu à l'Éternel.* »

Sans la moindre référence historique, sans rapport avec une loi sociale, Roch Hachana est classé parmi les décrets divins, les *houkim*[50] (singulier *hok*). Les rabbins donnèrent malgré tout un sens à la sonnerie, la *téroua*. En relisant en effet la Bible, nous voyons que les sonneries sont toujours liées à un événement important pour la collectivité d'Israël : la Révélation du Sinaï, le Jubilé et la proclamation de la libération des esclaves, l'appel au combat, le rassemblement et le déplacement des tribus, la fin de l'exil et le chant pour l'Éternel. Le *choffar* annonce toujours

50. Maïmonide, *Michné Torah* Lois du repentir. Chap. III.

la délivrance. En début d'année, la délivrance serait d'abord celle de l'homme face à ses passions, son mauvais penchant.

Le mois du commencement

La tradition orale amplifiera l'importance de Roch Hachana, en le rattachant à un événement fondateur.

Les maîtres du Talmud[51] discutent du mois de l'origine du monde. Selon rabbi Eliézer, le monde fut créé en tichri, selon rabbi Josué, il fut créé en nissan. Discussion purement théorique, qu'il faut entendre au second degré. L'Histoire commence-t-elle avec Adam ou Israël ? Les religions ont souvent voulu régler les compteurs de l'Histoire à partir de leur fondateur, et rabbi Josué aurait sans doute suivi cette tendance « judéo-centriste », mais la Synagogue a opté pour rabbi Eliézer. Pour ce maître, il n'existe pas de préhistoire négligeable, pas d'écorce avant le fruit, dès l'instant où les cieux et la terre surgissent, dès l'instant où une conscience morale se fait jour, capable d'entendre un ordre transcendant, un impératif catégorique : « manger les fruits, ne pas consommer l'arbre de la connaissance », dès que le sujet pense sa propre limitation, gère son appétit d'existence pour que l'autre existe en vis-à-vis, alors nous sommes dans une réalité entière, digne d'être jugée par le Créateur[52].

Création et jugement

Pendant l'office du matin de Roch Hachana, la communauté répétera à plusieurs reprises : « *Aujourd'hui conception du monde, aujourd'hui se tiennent en jugement toutes les créatures du monde, soit comme des enfants, soit comme des serviteurs, si nous sommes comme des enfants soit miséricordieux tel un père pour ses enfants, si nous sommes comme des serviteurs, nos yeux sont dirigés vers toi jusqu'à ce que Tu fasses grâce.* »

Le signe zodiacal du mois de tichri est éloquemment la balance. Le Jugement est ici associé à la Création. En d'autres termes, la

51. Traité – Tête de l'année – *Roch Hachana* 10b.

52. Les années du calendrier hébraïque commencent selon la tradition à partir d'Adam.

tradition lie un concept théologique à un principe éthique. Comme si l'acte de foi qui consistait à se savoir créé devenait la première démarche de la conscience morale. La Création est l'acte fondateur de la foi hébraïque, s'il existe un commencement, il existe un sens. Cette affirmation est un postulat, rebelle à la pensée philosophique. Toute l'opposition au monothéisme hébraïque est essentiellement une opposition à la notion de Création. Si la pensée conçoit le rapport de causalité, alors l'apparition de l'être à partir du non-être est irrecevable.

Pour la tradition biblique, l'Homme n'est pas une évidence, il est un miracle en devenir permanent. L'effort moral consiste à mériter l'être. Si, comme l'a remarquablement montré Bergson, notre manière d'être est de durer, ce n'est point pour combattre l'ennui, mais bien pour disposer d'un temps pour passer de la gratuité du vivre au mérite du vivre.

La naissance d'Isaac

L'on comprend pourquoi la Tradition choisi pour lecture biblique le jour de Roch Hachana, la naissance d'Isaac et l'épreuve de sa ligature, et pour texte prophétique (*haftara*), la naissance de Samuel. Bien que chaque naissance soit en elle-même miraculeuse, car une conscience apparaît comme jaillissant du non-être, et est donnée en grâce pure, avant que le moindre mérite ne soit avancé, celles d'Isaac et de Samuel amplifient l'extraordinaire. Le geste de Dieu arrêtant le bras d'Abraham renvoie à la Création : la vie triomphe de la mort. En ce sens, tout accomplissement de *mitsva*, tout effort religieux, toute recherche éthique est dans la continuité de ce non-sacrifice.

Jugement, grandeur de l'homme

Dès lors, le jugement n'est plus à entendre comme une comparaison en procès, mais comme la prise de conscience de notre partenariat avec le Créateur. Autant nous ne pouvons rien faire sans la vie qu'Il offre ou les bénédictions de la nature, autant l'Histoire ne peut aboutir sans notre engagement. C'est toute la quintessence du message prophétique : si la créature n'aide pas Dieu dans le parachèvement moral du monde, le monde restera inachevé.

C'est pourquoi bien que le premier tichri corresponde à la création d'Adam et non de la terre, les fidèles chantent « *aujourd'hui conception du monde* » car l'homme donne sens à l'univers créé.

Le choffar

Certains commentateurs rapprochent le mot *choffar* (tube) de la racine *ch.f.r* = beau, sans doute parce que la corne de l'animal avec laquelle est fabriqué le *choffar* séduit par sa finesse. Les maîtres utiliseront ce rapprochement linguistique pour mentionner que la fonction du *choffar* est d'éveiller les hommes endormis, afin qu'ils embellissent leurs actions devant l'Éternel[53]. La *mitsva* du jour consiste donc à écouter ces sonneries, de préférence d'une corne de bélier en souvenir de celui sacrifié par Abraham.

À cette obligation biblique s'ajoutent des coutumes plus tardives. Citons celles qui consistent à prendre les deux soirs de Roch Hachana des mets sucrés (comme la pomme dans le miel) en se souhaitant une année douce et agréable, et l'habitude d'aller le premier jour de la fête au bord d'une source d'eau pour symboliquement jeter ses péchés à la mer en référence au verset de Michée[54] : « *Il recommencera à avoir pitié de nous, Il foulera aux pieds nos fautes. Tu jetteras au fond de la mer tous leurs péchés.* »

Israël noie sa mauvaise mémoire, pour régénérer son service divin. Cette conclusion de l'oracle renvoie à la fin des temps quand l'Éternel, après avoir porté le dernier jugement sur l'Histoire, pardonnera les égarements des fils d'Adam. L'eau de l'origine recouvrant l'abîme, deviendra le cercueil de la mort, pour la joie éternelle.

4- Kippour

Étymologie

Le verbe *k.p.r* signifie « couvrir » [55]. Nous le rencontrons la première fois lorsque l'Éternel demande à Noé à propos de l'arche :

53. Maïmonide ref.cit.

54. Michée VII, 19.

55. « Couvrir » par le latin *cooperire* peut être rapproché de « kippour ».

« *Tu la recouvriras à l'intérieur et à l'extérieur par de la poix.* » (Gn. VI, 14). Parmi les éléments du sanctuaire portatif du désert, la Bible fait mention du *kaporeth*, traduit par « propitiatoire », qui était le couvercle posé sur l'Arche d'Alliance qui contenait les Tables de la loi (Ex. XXV, 17). Kippour est lié au recouvrement, comme lorsque l'on parle du recouvrement d'une dette.

Le concept de recouvrement implique ainsi un acte positif de rassemblement de souvenirs à effacer et de conduites à corriger, plutôt qu'une simple occultation liée à l'oubli. Seul le travail de mémoire peut engendrer l'expiation, et donc la revirginisation de la conscience morale et de la ferveur religieuse.

Aspect historique

Comme pour Roch Hachana, le Pentateuque ne relie Kippour à aucun événement précis. Kippour est un encore *hok*, un décret divin. Malgré cette absence, la tradition orale rappelle que *Kippour* est rattaché à un moment central de la révélation divine : le pardon de la faute du veau d'or. Pour la tradition, le pardon n'est pas seulement un acte de foi, mais une expérience vécue et toujours à vivre.

Du jugement au pardon

Une question surgit : Pourquoi sommes-nous jugés avant d'être pardonnés ? Pourquoi Roch Hachana précède-t-il Kippour ? N'aurait-il pas été plus « miséricordieux » de couvrir d'abord les dettes, afin de se présenter blanchis devant le Juge suprême ?

Le Midrash[56] rapporte que l'Éternel voulut créer le monde selon l'attribut de rigueur mais constatant qu'il ne pouvait subsister, Il ajouta la miséricorde. Le Jugement précède le pardon, car la Création est fondée sur le principe de responsabilité et de réciprocité. En tant que partenaire de Dieu, l'homme est interpellé dans sa capacité à achever ce que le Créateur a commencé. Mais comme humainement, nous serons toujours en dessous de l'idéal religieux, il existe une nécessité ontologique de révéler le principe de repentir (*téchouva*).

56. *Béréchith rabba* chap. I.

C'est au moment où le jugement est scellé que le sujet est invité à entreprendre la révision du procès en modifiant son passé. Cette capacité de repentir représente une véritable « revirginisation de la conscience ».

Le bouc émissaire

À l'époque du temple, il existait le rite des deux boucs. On présentait au grand prêtre deux bêtes, et par un tirage au sort le premier était sacrifié à l'Éternel, le second sacrifié dans le désert (le bouc émissaire).

Dans l'esprit du monothéisme, cela ne signifie pas qu'il fallait apporter des offrandes à quelques forces occultes et étrangères à la puissance de Dieu, le Satan lui-même dans la Bible est présenté comme un ange soumis à Dieu, mais il était nécessaire de rappeler au peuple qu'il n'existait pas de domaine sans Dieu[57]. En créant la liberté, le mal moral devient possible, tel est le sens des propos d'Isaïe (XLV, 7) : « Je forme la lumière et crée l'obscurité, Je fais la paix et Je crée le mal ». Fort de cette conscience d'un Dieu omniprésent, le grand prêtre pouvait pénétrer dans le Saint des Saints, lieu dans lequel il prononçait le Tétragramme ineffable, pour invoquer Celui dont le nom est source de vie.

Les privations

Le Lévitique (XXIII, 27) demande : « *Cependant le dixième (jour) de ce septième mois, sera jour d'expiations, et vous mortifierez vos personnes. Et vous ne ferez aucun travail au cœur de ce jour-ci...* ».

La Bible ne mentionne point de jeûne, et rien ne dit qu'il s'agit de s'abstenir de nourriture. C'est la tradition orale qui comblera le vide. En fait, pour l'Hébreu, la mortification est essentiellement privation alimentaire et ne renvoie nullement à d'autres pratiques plus sévères. Développons cette idée.

---

57. Nahmanide sur Lévitique XVI, 10 : « La Torah a formellement interdit le culte des anges, mais c'est l'Éternel lui-même qui ordonne d'envoyer le bouc aux forces du désert ».

Le verbe utilisé est *vé'initem* qui vient de la racine *'ani* = pauvre, traduit par « vous vous mortifierez », il s'entend au sens premier « vous vous rendrez pauvres » ou « vous prendrez la condition de l'indigent ». Cette traduction, amplifiée par le célèbre discours d'Isaïe (LVIII), révèle toute la valeur de Kippour : le véritable jeûne de l'Éternel est de donner à manger à celui qui a faim, d'habiller celui qui est nu, de loger le sans-abri. Telle est l'essence du discours prophétique !

La mortification, comme souffrance imposée en regard à ses propres égarements, ne peut s'inscrire dans la logique du pardon. Si Dieu demande l'abandon de la mauvaise conduite comme preuve de notre amour à son égard, pourquoi abîmer le corps qu'Il a créé ?

Les cinq interdits

Les rabbins ont néanmoins légiféré cette « mortification » par cinq interdits : Ne manger ni boire ; ne pas se laver ; ne pas se frictionner de parfum ; ne pas porter de chaussures de cuir ; ne pas avoir d'intimité conjugale. Autrement dit, durant vingt-cinq heures le fidèle ne fera pas cas de son confort physique ou social, mais choisira l'humilité devant le Juge de ses destinées.

Fautes religieuses, fautes morales

Terminons cette brève présentation par cet enseignement, tiré du Talmud *Yoma*, qui traite de Kippour. Nous traduirons ce texte littéralement, afin de l'entendre sur le mode hébraïque.

« *Les transgressions entre l'Adam et l'Endroit sont recouvertes le jour des expiations, mais les transgressions entre l'Adam et son prochain, le jour des expiations ne les recouvre que s'il (le fauteur) s'est réconcilié avec lui.* »

Commentons

Transgressions. De la racine *'a.v.r* = passer, ce terme désigne le passage du « Je » divin au « je » personnel. La transgression souligne que l'homme s'empare de la souveraineté des valeurs en définissant lui-même ce qui est bien et ce qui est mal. Pour la

Bible, seul Dieu est le Législateur absolu fondant la morale hors de la conscience humaine. Par cette transcendance, tous les hommes se trouvent ainsi concernés.

Adam. Bien que la loi de Kippour concerne Israël, tout homme, parce qu'il est fils d'Adam peut participer de cette démarche d'élévation, et le Talmud[58] d'énoncer que les justes des nations ont part au monde à venir, au même titre que le Grand Prêtre sortant du Saint des Saints, le jour de Kippour.

L'Endroit. Dans la tradition, ce terme désigne Dieu qui est « le lieu du monde ».

Texte fondamental ! La faute envers Dieu, la faute religieuse, est réparable, par une volonté de se parfaire, par contre vis-à-vis d'autrui, la réconciliation des cœurs doit précéder la prière envers le Très-Haut. Finalement, mal agir contre son prochain est un double crime contre l'homme et contre Dieu qui a appelé à l'amour.

5- Le Nouveau Mois

La dernière solennité mentionnée dans la Torah est le Nouveau Mois ou Roch Hodech. Avant la sortie d'Égypte, Dieu s'adresse à Moïse et Aaron durant le mois de nissan, en ces termes : « *Ce renouvellement-ci (de la lune), sera pour vous la tête des mois, il sera le premier des renouvellements de l'année.* » (Ex. XII, 2)

Ici, l'information est double : Le mois hébraïque commence avec l'apparition de la nouvelle lune, et le mois de nissan sera le premier mois de l'année hébraïque (par rapport aux fêtes de pèlerinage).

À l'époque du Temple, la Néoménie était proclamée au Sanhédrin, après le témoignage de deux personnes ayant observé le début de la lunaison. Bien que ce jour ne soit pas chômé, comme Chabath ou les fêtes, il était marqué par un sacrifice particulier.

Le calendrier hébraïque possède cette particularité d'être à la fois solaire pour les fêtes (qui doivent toujours tomber aux mêmes saisons) et lunaire pour le nouveau mois. Or, l'année solaire dure

58. Traité – Grand Tribunal – *Sanhedrin* (Tossefta XIII).

365 jours et l'année lunaire 354, soit une différence de 11 jours par an. Toutes les trois années, il y a donc un décalage de 33 jours, et tous les neuf ans, un trimestre. Pour faire coïncider les fêtes avec leur saison, un mois supplémentaire est ajouté 7 fois dans un cycle de 19 ans, ce qui permet de compenser le manque. Nous avons ainsi des années de douze mois et des années de treize mois, appelées « années enceintes ».

Le Midrash rattache les trois fêtes de pèlerinage aux trois patriarches, et les 12 ou 13 Nouveaux Mois aux 12 tribus (13, si l'on double celle de Joseph par ses enfants Ephraïm et Ménassé). Encore une manière de relier le calendrier à la mémoire d'Israël.

La journée de la femme

Durant le Roch Hodech, le travail est licite. Lors des prières, on rajoute des textes de circonstance, et l'on sort le rouleau de Torah à l'office du matin. Fait remarquable : le Nouveau Mois est la journée de la femme. En effet, elles sont dispensées de gros travaux durant ce jour, coutume qui trouve son origine dans le rapport établi dans la tradition entre la lune et le cycle féminin. Le Midrash souligne pour sa part que les filles d'Israël n'ayant pas participé à la faute des veaux d'or, Dieu leur octroya cette journée en cadeau de fidélité.

CHAPITRE 5

Les fêtes rabbiniques

Aux solennités bibliques, les rabbins ont ajouté des fêtes liées à des événements particuliers, considérant que leur message possédait une valeur permanente pour les générations.

1- Pourim

Bien qu'historiquement il soit difficile de situer les personnages, cet épisode se situe à la fin de l'exil perse juste avant le retour d'Ezra et la construction du second Temple. Le rouleau d'Esther (*méguila*) nous décrit l'ascension politique d'Aman, premier ministre du roi Assuérus, qui décida d'éliminer la communauté juive le 14 du mois de Adar. Esther, une jeune juive, nièce de Mardochée, ayant été choisie comme reine à la suite de la destitution de Vachti la première épouse du roi, réussit avec l'aide de son oncle à déjouer le complot. Aman fut exécuté et le jour de tristesse se transforma en jour de joie et d'allégresse pour la Maison d'Israël.

Dans la pratique

Pourim qui signifie « tirage au sort » en perse – car Aman décida ainsi de la date de la destruction – est aujourd'hui un grand moment de reconnaissance envers l'Eternel. Cette fête a lieu au mois d'avril. Pour se rappeler ce récit, on lit dans toutes les synagogues, soir et matin, le rouleau d'Esther. Dans la journée, on apporte toutes sortes de mets à ses voisins, on offre aux pauvres de quoi acquérir un bon repas et on se réunit autour d'un festin, durant lequel les enfants se déguisent en reine Esther ou en Mardochée. En Israël, de grands défilés carnavalesques sont organisés.

L'épisode de Pourim rappelle ce que fut la condition juive dans la diaspora durant 2 000 ans, et souligne le miracle de la survie de l'identité israélite. Malheureusement, le peuple juif connut d'autres moments où la tragédie remplaça le « happy end ».

2- Hanouka

Alors que l'origine de Pourim se situe hors des frontières de Judée, Hanouka aura comme scène d'action Jérusalem. À la mort d'Alexandre le Grand, la Judée est occupée par les Grecs, mais le culte mosaïque est maintenu, Alexandre n'ayant pas détruit le Temple. L'un des héritiers du trône, Antiochus IV décide d'imposer l'hellénisme à tout l'empire oriental afin d'unifier son royaume. Ce fut là une attitude nouvelle pour l'époque. Car l'Antiquité fut plutôt marquée par une tolérance et un syncrétisme religieux qui évacuaient d'emblée tout fanatisme. Notre roi introduisit dans le sanctuaire de Jérusalem des idoles, obligeant le peuple à les adorer.

À l'époque vivait une famille de prêtres, les Hasmonéens, dont le vieux père Matatiahou (Mathieu) était le grand pontif, et qui élevait cinq fils dont Juda. Refusant la religion d'Athènes, Juda mena une guérilla sans merci contre le despote. Ce fut là encore une exception dans l'histoire juive, car les prêtres étaient les hommes de la paix et de la bénédiction, au point qu'il leur était interdit de prendre part à un combat. Mais les choses étaient ici différentes, car le Temple était souillé. Juda rassembla autour de lui des milliers de soldats, et réussit à vaincre l'armée la plus puissante de l'époque. Il libéra Jérusalem le 25 du mois de kislev.

Par reconnaissance pour l'Éternel, les vainqueurs voulurent allumer le chandelier à sept branches avec de l'huile d'olive consacrée, mais ils ne trouvèrent qu'une petite fiole qui ne pouvait brûler qu'un seul jour. Ne pouvant préparer une nouvelle huile avant sept jours, temps nécessaire pour se purifier des combats, ils utilisèrent le contenu de ce récipient. La Tradition rapporte qu'un miracle se produisit : l'huile brûla huit jours.

Le 25 kislev (qui correspond au mois de décembre) devint Hanouka, jour « d'inauguration » du Temple qui fut consacré comme à l'époque de Salomon.

Dans la pratique

Chaque soir une bougie supplémentaire est allumée sur un chandelier à huit branches, jusqu'au huitième jour, en souvenir du miracle. Cette ascension lumineuse signifie que l'obscurité (ou l'obscurantisme) finira par être vaincue. Les enfants reçoivent de nombreux cadeaux pour la circonstance.

Si Pourim possède son livre « le rouleau d'Esther », Hanouka ne connaît pas « le rouleau des Maccabées », ce dernier ne faisant même pas partie du canon biblique hébraïque. Pourquoi cette omission ? C'est que les descendants de Juda se proclamèrent rois d'Israël, ce qui pour la Bible était une faute : pouvoir politique et pouvoir religieux devant obligatoirement être distingués.

3- Le 9 av

Le 9 du mois d'av (qui correspond au mois d'août) est le jour noir du calendrier juif. Déjà le Talmud mentionne cette date comme celle où Dieu prit la décision de faire errer les Hébreux durant quarante ans dans le désert pour avoir médit de la terre promise. Mais ce sont surtout les deux destructions, du premier et du second Temples, qui furent à l'origine de ce deuil national qui est encore célébré aujourd'hui. Avec la dévastation du Sanctuaire et de Jérusalem, toute la vie religieuse s'émiettait. L'étude et la synagogue devinrent alors les palliatifs de cette absence. Ces catastrophes nationales marquèrent tellement l'esprit des Judéens, que les rabbins appliquèrent les règles strictes du jour de Kippour au jeûne du 9 av.

Malgré sa survie et la résurrection de l'État d'Israël, les fidèles continuent de commémorer ce jour en lisant les Lamentations de Jérémie, dans l'attente du troisième Temple qui descendra du ciel, avec « des murailles de feu », ajoute la tradition. Peut-être le feu de la ferveur de l'attente.

Il existe d'autres jeûnes institués par les rabbins liés à la destruction du Temple et à l'exil comme le 3 tichri, le 10 téveth et le 17 tamouz, mais de moindre importance par rapport au 9 av.

4- Le Nouvel An des arbres

Fête écologique par excellence, le Nouvel An des arbres tombe le 15 du mois de chvath (février), d'où son nom : Tou Bichvath (15 de Chvat). Ce sont surtout les kabbalistes de Safed (XVIe siècle) qui donnèrent à ce jour son importance. Si l'homme est jugé à Roch Hachana, son aliment originel, le fruit de l'arbre, est jugé à cette date (mi-février) qui correspond à la montée de la sève, avant le réveil de printemps.

Le rite de cette journée consiste à manger le maximum de fruits, pour accomplir le verset de la Genèse : « De tous les arbres du jardin tu mangeras », soulignant que pour le judaïsme, il est aussi important de ne pas consommer ce qui est interdit que de tirer profit de ce qui est licite.

En Israël, durant cette journée, les écoliers prennent le chemin des forêts et des bois pour planter quelques arbres et faire verdir le désert, en se rappelant que « l'homme est un arbre des champs ».

CHAPITRE 6

La prière

1- Dans la Bible

Dans l'Antiquité, le culte était essentiellement un culte sacrificiel. Cela ne veut pas dire que les Hébreux ignoraient la prière, encore faut-il s'entendre sur le sens du mot. Au début de la Genèse, nous rencontrons Caïn et son jeune frère Abel, offrant chacun le produit de leur labeur à l'Éternel (IV, 4). Ici, la relation au divin se fait sur le mode de la reconnaissance. De même après le Déluge, Noé offre quelques animaux pour remercier Dieu de sa protection (VIII, 20). Plus tard, Abraham en arrivant à Sichem construit un autel pour « l'Éternel qui lui était apparu », et qui lui avait fait la promesse de la terre (XII, 7). Toujours la reconnaissance.

C'est le patriarche Jacob qui inaugurera la « prière - demande » : demande de la protection divine, demande du pain et du vêtement, après le rêve de l'échelle (XXVIII, 20) ou demande de survie avant ses retrouvailles avec son frère Esaü (XXXII, 9 à 13). Plus tard, Moïse à son tour demandera la guérison de sa sœur Myriam (Nb. XII, 13) et sera exaucé.

2- Dans le Temple

Ces deux aspects, la « reconnaissance » et la « demande » réapparaîtront dans le Temple : la « reconnaissance » avec le sacrifice quotidien (*tamid*) « un agneau le matin et un agneau au soir » (Ex. XXIX, 39), cérémonie qui était accompagnée par les chants de lévites, et qui traduisait la louange du peuple pour les bienfaits quotidiens, et la « requête » comme celle de Hanna (Anne) prononcée dans l'enceinte du sanctuaire pour obtenir un enfant (I Samuel II, 1).

Ce que le service du Temple mettra en évidence sera le rite d'expiation (*kappara*) de la faute involontaire, expiation concrétisée par le sacrifice d'un animal offert par un particulier ou par la collectivité[59]. Le sacrifice n'était pas un acte ponctuel, une sorte d'indulgence, mais traduisait l'aboutissement de toute une démarche de repentir qui passait par la prise de conscience de la transgression, par l'expression verbale de la faute en présence du prêtre avant l'abattage, et par la consommation de la chair grillée.

Lorsque le Temple de Salomon fut détruit en -586, les Judéens en Babylonie se trouvèrent sans culte expiatoire, il fallait trouver un substitut, la synagogue allait naître.

3- La maison de rassemblement

« La maison de rassemblement » (*beth haknesseth*) qui deviendra la synagogue était plus qu'un lieu de prière, il s'agissait d'un véritable centre communautaire où l'on étudiait et où l'on célébrait les grands moments de la vie. C'est là que s'élabora la prière juive. Du fait que les sacrifices étaient interdits hors du Temple de Jérusalem, la prière se construisit sur le modèle du sanctuaire, en gardant ce caractère communautaire. Ainsi, chaque prière allait correspondre au rite jérusalémite, celui de tous les jours ou celui des fêtes.

59. Il n'existait pas de sacrifices pour les fautes volontaires. Cf. les premiers chapitres du Lévitique.

Bien qu'en Babylonie les juifs ne parlaient plus l'hébreu, les rabbins maintinrent la langue ancestrale, introduisant parfois des textes en araméen. Nous traduirons les correspondances par le tableau ci-dessous.

Sacrifices du Temple	Prières correspondantes
Quotidien du matin	Chaharith
Quotidien après-midi	Minha
Combustion des graisses	Arvith ou Maariv
Sacrifice du Chabath	Moussaf du Chabath
Sacrifices des fêtes	Moussaf des fêtes
Sacrifices de Néoménie	Moussaf de Néoménie

4- Aspects de la prière juive

La prière exprime d'abord la louange et la reconnaissance à Dieu, pour Ses bienfaits, Sa toute-puissance sur la nature et Ses attributs de justice, de vérité et d'amour envers Ses créatures.

La source de ces textes est essentiellement les Psaumes (à l'office du matin on récite les cinq derniers, et pour chaque fête un psaume est choisi pour la circonstance). Mais l'on puisa aussi dans l'Exode pour le cantique de la Mer Rouge ou le livre des Chroniques. À ces textes bibliques furent ajoutées des prières composées par des rabbins ou des poètes, surtout ceux du Moyen Âge (c'est à ce niveau que se distingue le rite ashkénaze du rite séfarade).

Les demandes s'expriment dans une prière particulière appelée *Amida* « Debout », ou « 18 » (selon le nombre de bénédictions originelles, aujourd'hui il y en a 19), ou encore *Téfila*, la « Prière » par excellence. Cette prière résume à elle seule tous les aspects liturgiques. Analysons-la brièvement.

Les trois premières bénédictions « présentent » Dieu. À quel Dieu s'adresse-t-on ? Le Dieu des vertus révélé dans l'Histoire à travers les trois patriarches Abraham, Isaac et Jacob (première bénédiction), le Dieu qui exprime Sa puissance dans la Nature (deuxième bénédiction), mais ce Dieu de proximité n'en reste pas moins Saint, c'est-à-dire à jamais séparé de toute définition ou de toute approche humaine (troisième bénédiction).

Viennent ensuite treize (anciennement douze) bénédictions de demandes individuelles (l'intelligence, la santé ou la subsistance) ou collectives (le retour à Sion, la venue du Messie, la reconstruction de Jérusalem et du Temple). Enfin, dans les trois dernières bénédictions, le fidèle remercie l'Éternel pour ses bienfaits quotidiens, et souhaite la paix.

Le philosophe Martin Buber a mis en évidence que ce type de prière soulignait la relation « Je-Tu » qui s'établissait entre le Créateur et la créature.

5- Les objets du culte

Pour la tradition juive, le corps doit être orné de certains éléments qui renforceront la ferveur et souligneront la valeur de la prière.

La kippa

Si, selon la Bible, seuls les prêtres étaient tenus de porter un couvre-chef, à partir du Moyen Âge, l'usage se répandit de prier tête couverte (« kippa » de la racine *couvrir*, comme « kippour »). Si cette attitude est plus une conduite sémite qu'israélite, elle n'en reste pas moins attitude d'humilité devant la grandeur de Dieu et rappel de la présence divine au-dessus du priant.

Le taleth

Le taleth ou talith est un « vêtement » à quatre coins, chacun d'entre eux se prolongeant par des franges rituelles, les *tsitsit*. Pour la prière, le corps doit être couvert. Non seulement la nudité ne doit pas être vue, mais sur les vêtements, ce châle à bandes noires ou bleues évoque la présence de Dieu aux quatre coins de la terre ainsi que les commandements à accomplir (Nb. XV, 37 à 41). À chaque frange pendent 8 fils. L'un d'eux, plus long, sera enroulé autour des autres selon un certain ordre.

Il existe deux traditions du *tsitsit* :
- 10 tours + 5 tours + 6 tours + 5 tours = 26 tours,
ou
- 7 tours + 8 tours + 11 tours + 13 tours = 39 tours.

26 et 39 ne sont pas des chiffres du hasard : 26 correspond à la valeur numérologique du Tétragramme (Y.H.W.H) ; 39 correspond à Y.H.W.H *Ehad*, « l'Eternel est Un ». Le juif se couvre de Dieu et de son unité pendant l'office.

Les téfilines

Les téfilines sont deux boîtiers cubiques noirs contenant chacun les quatre passages qui y font allusion (Ex. XIII, 1 à 10; Ex XIII, 11 à 16; Deut. VI, 4 à 8 et Deut. XI, 13 à 21). Ils se prolongent par des lanières. Au cours de l'office du matin (sauf le Chabath et les fêtes) le fidèle les pose respectivement sur son bras gauche vis-à-vis du cœur et sur sa tête. Appelés à tort phylactères (amulettes en grec), les téfilines n'ont rien de magique. De la racine *téfila*, ils sont devenus les objets de la « prière » juive.

La première mention écrite des téfilines se trouve dans la lettre d'Aristée, œuvre anonyme du IIe siècle av. J.-C. écrite à Alexandrie. Flavius Josèphe les mentionne également dans son œuvre datant du Ier siècle ap. J.-C.

La tête, le bras, le cœur possèdent des fonctions complémentaires : la tête pour la pensée, le bras pour l'action, le cœur pour le sentiment. Comme pour le talith, les téfilines sont liés à une symbolique des lettres. En effet, sur le boîtier de la tête se trouve la lettre *chin* (Ch), le nœud sur la nuque possède l'apparence d'un *daleth* (D), quant au boîtier du bras, il porte un *youd* (Y).

Or, les trois lettres Ch.D.Y forment le nom divin *Chaday*, qui désigne l'Omnipotent, Celui qui mit des limites au monde, c'est-à-dire Celui qui le maintient dans sa cohérence.

Ainsi au cours de la prière, le fidèle est recouvert non seulement de vêtements qui soulignent la valeur fondamentale de la prière et qui l'aident à se concentrer, mais le corps lui-même est porteur des noms divins. Le corps est sanctifié, il devient sanctuaire vivant. Tel fut le vœu originel de l'Eternel : « Ils me feront un sanctuaire et Je résiderai au milieu d'eux » (Ex. XXV, 8). « Il n'est pas dit *Je résiderai en lui*, dans le Temple, mais *au milieu d'eux*, dans le cœur de chacun. » (Rachi).

La mézouza

La *mézouza*, littéralement « montant de porte », est un petit boîtier placé à droite en entrant dans les maisons juives ou les synagogues qui contient le parchemin de la proclamation de l'unité de Dieu (Deut VI.4) et quelques versets suivants.

La *mézouza* n'est pas une amulette de protection, mais rappelle dans un lieu de passage, la porte, que la loi divine doit être aussi bien respectée dans la vie privée que dans la vie publique.

CHAPITRE 7

Les lois alimentaires

L'alimentation joue un rôle central dans toutes les cultures humaines, le judaïsme ne fait pas exception. L'on peut même dire que les règles alimentaires sont au cœur du rite. Ce que la loi juive appelle la *kasherouth* possède une histoire que nous allons présenter.

1- D'Adam à Noé

Adam, le premier homme, reçoit deux lois : la procréation et une double loi alimentaire : « *De tous les arbres du jardin tu mangeras et de l'arbre de la connaissance du bien et du mal tu ne mangeras pas.* » C'est sur ce dernier point que se joue son avenir. Dans le jardin d'Eden l'homme est végétarien, surtout frugivore. Être homme, c'est savoir gérer son appétit de vivre.

Mais Adam n'est pas encore mature. Il consomme le fruit interdit. Renvoyé du jardin d'Eden, il garde son statut de végétarien, mais doit travailler la terre pour manger le pain. Les hommes garderont ce mode alimentaire jusqu'à la génération de Noé.

Après le déluge, l'humanité deviendra carnivore, c'est ce que déduit le Talmud[60] du verset : « *Tout rampant vivant sera pour vous nourriture comme l'herbe des champs, Je vous donne tout.* » (Gn. IX, 3 et 4). Il existe cependant deux restrictions déduites de l'Écriture : L'humanité se voit interdire la consommation du membre d'un animal vivant et la consommation du sang d'un animal vivant.

Ici, la consommation de la viande apparaît comme une concession par rapport au projet divin originel. Les humains étant devenus trop violents, le Créateur préfère des carnivores qui se respectent que des végétariens qui s'entre-dévorent.

2- La « diète éthique » révélée

La sortie d'Égypte sera de nouveau marquée par des rites alimentaires : la consommation de l'agneau pascal, du pain azyme et des herbes amères. Alors qu'en Égypte, les jeunes enfants hébreux sont sacrifiés et « avalés » par le dieu Nil, la libération d'Israël implique une inversion des valeurs, ce sera l'agneau qui sera sacrifié et avalé, afin que l'homme vive.

Si le sacrifice pascal n'a pu être maintenu à cause de la destruction du Temple, le pain azyme est toujours consommé. Quel sens donner à ce « pain de misère » ? La préparation du pain nécessite du levain. Or, ce levain est le résultat d'une fermentation d'un bout de pâte de la veille. Philosophiquement parlant, il n'existe pas de pain sans mémoire. Pour sortir d'Égypte, Israël doit goûter une pâte sans la trace de l'enfer concentrationnaire. Israël en inaugurant sa nouvelle société recommence à manger. Quant aux herbes amères, elles rappellent l'amertume originelle et obligent l'Hébreu à aimer l'étranger, « car vous connaissez l'âme de l'étranger ».

Après la révélation sinaïtique, Dieu donne d'autres lois alimentaires comme les catégories d'animaux permis. Ces injonctions se trouvent mentionnées dans Lévitique VI et sont répétées

60. Traité – Grand Tribunal – *Sanhédrin* 59a.

dans Deutéronome XIV. Ainsi, parmi les animaux terrestres, seuls les ruminants ayant les sabots fendus sont autorisés (ce qui exclut les bêtes sans aucun signe, ou même celles n'en possédant qu'un seul comme le chameau, la gerboise ou le lièvre qui n'ont pas de sabots fendus, ou le porc qui ne rumine pas). Parmi les animaux marins, seuls sont autorisés les poissons avec écailles et nageoires (ce qui exclut les poissons à peau lisse et les crustacés). En ce qui concerne les oiseaux, la Torah cite vingt-quatre espèces prohibées, ce qui sous-entend que les autres seraient licites, en général le juif pieux consomme des volatiles de basse-cour.

Quel sens donner à ces signes ? Certains avancent la thèse de l'hygiène, comme pour la circoncision. S'il paraît évident que Dieu donna des lois bonnes pour la santé, on ne peut réduire le Pentateuque à un ouvrage de médecine, il faut chercher la raison ailleurs. En fait la réponse n'est pas évidente, car la Torah présente ces règles comme un décret divin, un *hok*, inauguré par la formule : « *Voici la bête que vous mangerez, parmi tous les animaux de la terre.* » Autrement dit, il s'agit là d'une loi religieuse par excellence qui implique une soumission libre du croyant à la volonté du Législateur. C'est dans ce registre qu'il faut entendre la justification de cette discipline de vie : « *Car Je suis l'Éternel qui vous ai fait monter du pays d'Égypte, pour être votre Dieu, et vous serez saints car Je suis saint.* » (Lev. XI, 45).

L'acte fondateur de la sortie d'Égypte établit une relation, une alliance, entre Dieu et Israël. De même que Dieu est saint c'est-à-dire séparé et transcendant, ainsi la collectivité d'Israël est-elle invitée à suivre la voie de la sainteté, en transcendant sa propre nature égoïste, en pratiquant le bien. Dans cette logique, l'Hébreu ne consomme que le menu de Dieu, il place la transcendance entre lui et sa nourriture. Manger devient ici une « diète éthique ».

3- La chair, pas le sang

Le Deutéronome (XII, 20 à 28) enseigne : « *Lorsque l'Éternel ton Dieu aura élargi ta frontière, comme Il te l'a dit, et que tu te diras je mangerai de la viande, car ton instinct*[61] *désire manger de la viande, de tout l'appétit de ton instinct tu mangeras la viande* ».

Le désir « instinctif » qui consiste à vouloir consommer de la viande n'est nullement condamné, au contraire le verset autorise de manger de la chair animale avec un appétit certain[62]. « *Lorsqu'il sera éloigné de toi le lieu que l'Éternel ton Dieu aura choisi pour y placer son nom, tu abattras de ton gros et de ton petit bétail que l'Éternel t'aura donnés, comme Il te l'a ordonné, et tu mangeras dans tes portes de tout l'appétit de ton instinct.* »

Le lieu de l'Éternel est bien sûr le Temple. Le Talmud[63] déduit de ce verset que durant la période du désert les Hébreux ne consommèrent la viande que lors des sacrifices. Ici, le verset fait une concession supplémentaire, il autorise la consommation de la viande même en dehors du Temple : « *Cependant sois fort pour ne point consommer le sang, car le sang est l'instinct, et tu ne consommeras point l'instinct avec la chair* ».

La concession divine ne va pas jusqu'à la consommation du sang. Selon le Talmud[64] il existe un instinct lié à la consommation du sang, c'est pourquoi la Torah doit préciser *sois fort*, c'est-à-dire « domine-toi ». Nous savons que dans les sociétés primitives, le cannibalisme traduisait une recherche de vitalité, à Olympie les athlètes consommaient la chair fraîche des animaux afin d'acquérir leur puissance. De même, l'accusation du meurtre rituel affirmant que les juifs fabriquaient le pain azyme de Pâque avec le sang d'un jeune enfant chrétien, traduisait sans aucun doute cette ambivalence de la mentalité occidentale avec le sang. La littérature fantastique (Dracula, le loup-garou) constitue également la trame de cette psyché. Face à ces dérives possibles, la Bible

61. Nous préférons traduire *néfech* par « instinct » plutôt que par « âme » ou « souffle », pour donner une cohérence avec le verset 23.

62. La Bible ne condamne pas systématiquement tous les désirs humains. Plutôt que de frustrer l'individu, elle canalise la pulsion, comme dans le cas de « la belle captive » (Deut. XXI,10) qui est autorisée sous certaines conditions.

63. Traité – Chose profane – *Houlin* 15b. Cf. Rachi sur le verset.

64. Traités – Les Pâques – *Pessahim* 15b. – Grand Tribunal – *Sanhédrin* 59a. – Flagellations – *Makoth* 23b. – Chose profane – *Houlin* 102b.

autorise la consommation de l'animal, mais non de l'animalité. Cette interdiction du sang s'étend même aux œufs qui, s'ils présentent une tache rouge dans le jaune, sont immédiatement jetés.

4- L'abattage rituel

À propos de l'expression « *tu l'abattras comme Je te l'ai ordonné* » la tradition enseigne : « De là nous apprenons qu'il existe des lois d'abattage rituel qui furent données oralement à Moïse au Sinaï ». Certains détails pratiques comme ici l'abattage rituel, ou la réalisation des *téfilines* ou de la *mézouza* (cf. plus haut « les objets de culte ») furent transmis par tradition orale. Ajoutons que toutes les pratiques anciennes, circoncision, sacrifices, étaient enseignées de père en fils ou de maître à élève.

L'abattage rituel (*chéhita*) consiste à égorger la bête en sectionnant la majorité de l'œsophage et de la trachée artère avec un couteau affûté comme une lame de rasoir. Même si le procédé est on ne peut plus spectaculaire, voire annoncé comme « primitif » par certaines associations de défense des animaux, il n'en reste pas moins vrai que ce qui justifie cet acte est la non-violence et le désir de ne pas faire souffrir la bête (mammifère ou volaille). En effet, en sanctionnant les deux organes sus-mentionnés, le cerveau se vide très rapidement de son sang évitant ainsi contusion et souffrance. Les mouvements ultérieurs des pattes n'étant que des soubresauts nerveux purement réflexes.

Cet abattage est exécuté par un spécialiste (*le choheth*) qui aura passé de nombreuses années à étudier l'anatomie animale et qui possédera une technique parfaite tant dans l'affûtage du couteau que dans l'exécution. Les animaux abattus (il existe un espace réservé dans les grands abattoirs de France) sont ensuite livrés dans des boucheries spécialisées appelées « boucheries *kasher* » surveillées par le rabbinat régional.

5- Le nerf sciatique

Le fait que l'animal présente les signes bibliques de *kasherouth* ne signifie pas que toute la bête soit consommable de la tête au pied. Certaines graisses, ainsi que le nerf sciatique sont interdits à la consommation. Ce dernier point est justifié par la lutte qui opposa (en vrai ou en songe) le patriarche Jacob à un homme mystérieux ou un ange (Gn. XXXII). « Voyant qu'il ne pouvait le vaincre, il (ce mystérieux personnage) le frappa à la cuisse, et la cuisse de Jacob se luxa. Il le bénit et lui dit : "ton nom ne sera plus Jacob mais Israël"... Le soleil commençait à poindre... et il boitait à cause de sa cuisse... C'est pourquoi les enfants d'Israël ne consomment pas le nerf sciatique... ».

Ici la règle alimentaire est de nouveau justifiée par un événement historique : comment Jacob devint Israël. En s'interdisant la consommation du nerf sciatique, le consommateur se rappelle que le nom d'Israël n'est pas une grâce, mais un titre. On ne naît pas Israël, on le devient par une lutte au nom de Dieu, lutte pour la fidélité, lutte pour l'alliance.

En faisant remarquer que l'expression « nerf sciatique » signifie littéralement en hébreu « nerf de l'oubli », les exégètes rappellent que l'identité israélite est bien une lutte pour la Mémoire.

CHAPITRE 8

Les rites de passage

1- La circoncision

Cette opération, dont le nom technique est ablation du prépuce, remonte pour la mémoire juive, à Abraham : « *Dieu dit à Abraham : telle est mon alliance que vous garderez entre Moi et vous et ta postérité après toi : que soit circoncis tout mâle* ». (Gn. XVII).

La circoncision est une alliance (*bérith mila*) entre Dieu et les descendants du patriarche. La notion d'alliance est fondamentale dans la Bible, elle implique un engagement mutuel entre deux partenaires : Dieu donne la vie et la loi, l'homme achève le monde en y introduisant l'ordre moral révélé par le Créateur. Ce que réalise l'un ne peut être réalisé par l'autre. C'est pourquoi l'hébreu ne dit pas « contracter une alliance » mais « séparer une alliance », mettant l'accent sur l'apport spécifique de chaque acteur. Ainsi, tout ce que Dieu a créé peut porter la trace du parachèvement humain.

Dans cette logique, la circoncision constitue un parachèvement du corps et le signe indéfectible de l'attachement du croyant monothéiste à Dieu. Ce n'est donc pas dans le domaine médical ou hygiénique qu'il faut chercher un sens à cette pratique, mais bien sur le plan spirituel.

En acceptant pour lui et pour sa descendance la *bérith mila*, le patriarche place la parole divine sur sa sexualité. Avram devient ainsi Abraham et Saraï, Sarah. Ils ne sont plus seulement enfants de leurs parents, ils renaissent dans un amour dont l'entre-deux sera occupé par la parole divine. La sexualité ne traduit plus l'angoisse de vivre, une course effrénée à la jouissance égocentrique comme chez le pharaon d'Égypte, elle devient élévation, rencontre et plénitude. Si l'on suit l'opinion de certains embryologistes qui affirment que le prépuce est le reliquat du fourreau animal, alors la *bérith mila* humanise vraiment l'homme. En ce sens, la circoncision de la chair véhicule déjà celle du cœur annoncée par Jérémie (IV, 4) : « *Tâchez de vous circoncire pour la gloire de l'Eternel et d'enlever le prépuce de votre cœur.* »

Mais la circoncision engage aussi l'avenir. En général, quand le fidèle accomplit un acte religieux, il le fait pour lui-même, mais ici il agit sur sa progéniture qui est inscrite dès sa naissance dans la communauté. En fait, la circoncision concerne trois générations, car en introduisant son fils dans l'Alliance d'Abraham, le père accepte rétroactivement l'acte accompli par son propre géniteur. Ce qui fut subi est accepté a posteriori par un acte de foi.

Si l'Alliance de l'arc en ciel engage le Créateur à ne plus noyer l'humanité (Gn. IX, 119), la circoncision engage l'homme vis-à-vis de son Créateur à accepter Son message. Si l'arc en ciel visible de tous, interpelle les hommes à aimer la paix dans l'harmonie des couleurs, la circoncision dans sa discrétion même, introduit la dimension de l'effort moral et religieux.

Dans la pratique

La circoncision est effectuée le huitième jour après la naissance de l'enfant, même si ce jour est un samedi. Le *mohel* ou circonciseur n'est pas obligatoirement médecin, mais il possède parfaitement la technique. Cette légère opération est réalisée dans des conditions d'hygiène maximales. Cependant si la santé de l'enfant est défaillante, si son poids est inférieur à trois kilos, l'ablation sera repoussée.

Au cours de la cérémonie le garçon reçoit son prénom hébraïque, celui d'un personnage biblique ou d'un grand-père. Une manière d'inscrire l'enfant dans une mémoire collective. La cérémonie s'achève par une bénédiction sur une coupe de vin et un repas où la famille et les pauvres seront invités.

2- La nomination de la fille

À propos du verset : « *Abraham était âgé, avancé en jours et l'Eternel avait béni Abraham dans tout* » (Gn. XXIV, 1), un maître du Midrash annonce qu'Abraham mit au monde une fille dont le nom était *Bakol*, « En tout ». Comprenons que le bonheur du vieillard ne pouvait être total que dans la mesure où aux côtés d'Isaac, une sœur avait trouvé sa place. Et la nommant judicieusement « En tout », la tradition situe bien la femme comme principe de complétude.

La nomination de la fille se dit *zéved habat*. Le mot *zéved* se trouve mentionné à propos de la naissance de Zébulon (Gn. XXX, 20). Léa vient d'enfanter son sixième enfant, aussi remercie-t-elle l'Eternel pour cette « bonne part » [65]. Cette cérémonie met en exergue « la bonne part » qu'occupe la fille dans la famille juive.

Dans la pratique

Dans le mois qui suit la naissance, la fille est présentée devant le rabbin qui la bénira en présence de ses parents et des proches. L'officiant récite quelques versets du Cantique des cantiques : « Ma colombe, fais-moi voir ton visage, entendre ta voix, car ta voix est douce et ton allure agréable », puis il évoque les grandes figures féminines d'Israël, avant de partager la coupe de vin et la collation avec les convives.

65. *Zéved* est à rapprocher de l'arabe *zavda*, « beurre ».

3- Le rachat du premier-né

« Le rachat du premier-né » ou « rachat du fils » (*pidyone haben*) marque une nouvelle étape dans les rites de passage. Comme la circoncision ou la nomination, la *mitsva* incombe au père. Quels sont l'origine et le sens de cette pratique ?

Pour la société hébraïque patriarcale, le premier-né joue le rôle de responsable. Il devient le rassembleur familial à la disparition du père. Il reçoit une double part dans l'héritage. Initialement, les premiers-nés auraient même dû jouer le rôle de prêtres dans le Temple, car il y avait là similitude de fonction[66]. Selon le Midrash, une allusion à ce sacerdoce se trouve dans la parole adressée par Dieu à Caïn, le fils aîné d'Adam et Eve : « *Si tu t'améliores tu t'élèveras* » ainsi commenté : « Si tu t'améliores tu pourras élever tes mains pour bénir le peuple. »

Avant la sortie d'Égypte, Dieu enseigne à Moïse : « *Sanctifie-moi tout premier-né, ouverture de matrice, parmi les enfants d'Israël. De l'homme jusqu'à l'animal tout est pour Moi* ». (Ex. XIII, 2) Ce rôle était d'autant plus justifié que l'Eternel accorda une protection particulière lors de la dernière plaie, la mort des premiers-nés. Malheureusement comme Caïn, les aînés ne furent pas à la hauteur de l'exigence religieuse et morale qui pesait sur eux. La faute du veau d'or occasionna le transfert des responsabilités sacerdotales aux lévites, et plus particulièrement aux descendants d'Aaron, les prêtres, *cohen*, qui étaient restés fidèles au monothéisme.

Cette substitution n'a cependant rien retiré au fait que le premier-né reste lié par sa naissance à sa vocation d'origine. Par « le rachat du fils », l'aîné est confirmé dans sa mission de responsable familial, tout en intégrant la communauté d'Israël.

Dans la pratique

Le cohen invité à la cérémonie s'assure que le bébé est bien le premier-né par voie naturelle[67]. Il prend ensuite l'enfant et

---

66. Cf. Deut. XXXIII, ou Malachie II,7.

67. S'il y a eu fausse couche, ou si l'enfant est né par césarienne, cette cérémonie n'aura pas lieu, car la Bible exige « ouverture de matrice ».

rappelle le rôle que ce dernier aurait dû jouer au sein de la collectivité d'Israël. Puis le père lui offre cinq pièces d'argent pour « racheter » son enfant. L'aspect « marchandage » peut surprendre le moderne, mais dans la société hébraïque puis juive, où le visuel est un facteur important d'engagement (sacrifice animal, remise de l'anneau à l'épouse), cet échange d'ordre économique est à entendre comme une confirmation irréversible.

4- La majorité religieuse

La « bat mitsva » pour les filles, la « bar mitsva » pour les garçons correspond à l'âge de la puberté. Les filles étant plus en avance dans ce domaine, la cérémonie aura lieu pour elles à douze ans et à treize ans pour les garçons. Cette mutation physiologique entraîne un changement de statut au plan rituel, puisque l'enfant devient adulte, c'est-à-dire astreint aux commandements de la Torah.

L'enfant sait recevoir mais ne sait pas donner, il est fondamentalement égocentrique. L'adulte est celui qui possède la conscience du don. Or, à quel âge l'homme peut-il avoir conscience de l'altérité ? Au moment où biologiquement il porte la vie.

Les termes *bat mitsva* ou *bar mitsva* signifient littéralement « fille » ou « fils de la mitsva », « fils des commandements de Dieu ». L'adulte n'est plus seulement celui qui est engendré par ses parents, mais aussi celui qui a conscience d'être créé par sa propre action libre.

Dans la pratique

Aujourd'hui, les jeunes enfants sont préparés à cette cérémonie soit au Talmud Torah, équivalent du catéchisme, soit à l'école juive ; durant cette préparation, ils apprennent à lire en hébreu, les prières et leur sens, ils découvrent les fêtes et l'histoire juive.

Pendant la cérémonie, le garçon est appelé pour la première fois à lire dans le rouleau de la Torah, revêtu du châle de prière (talith) et des téfilines. La fille dans les milieux orthodoxes ne porte pas ces signes rituels mais participe à l'office en récitant quelques prières ou en proposant une réflexion biblique. Dans beaucoup de familles, on tient à marquer cet événement important à Jérusalem, devant le Mur occidental.

5- Le mariage

Le livre de la Genèse nous décrit la manière dont la relation homme-femme se met en place. En créant Eve pour Adam, Dieu souligne que la monogamie est l'idéal biblique, même si la polygamie fut pratiquée dans l'Antiquité. Interlocutrice, et non simple objet de convoitise, la femme achève l'œuvre divine avant que le monde ne soit conquis par l'homme. Mais le dialogue sera inexistant au sein du premier couple, comme il sera absent dans celui de Noé.

Abraham établira un nouveau rapport avec Sarah, puisque ce sera la première fois que le texte rapportera une parole d'un homme à sa femme : « Car je sais que tu es belle » (Gn. XII, 11), dit le patriarche qui considère sa femme comme sa jeune fiancée.

Une belle analyse du Midrash souligne le défi du vivre ensemble. « Si le couple est méritant la présence divine réside au milieu de lui, sinon un feu le dévorera » (Rachi).

Homme s'écrit H.Y.CH (*alef, youd, chin*) = le youd est la première lettre du Tétragramme (**Y**.H.W.H).

Femme s'écrit H.CH.AH (*alef, chin, hé*), le *hé* est la deuxième et la dernière lettre du Tétragramme (Y. **H.**W.H).

Si chaque partenaire apporte sa lettre, sa spiritualité, sa volonté de construire l'amour, alors le nom divin *YaH* (comme dans *alléluia*) brillera, mais si ces lettres disparaissent, il reste de part et d'autre les lettres du mot *Ech*, le feu, une énergie dévorante.

Le couple idéal reste pour la tradition juive celui d'Isaac et Rébecca, couple monogame à propos duquel il est dit « Et Isaac faisait rire Rébecca sa femme » (Gn. XXVI, 8).

Dans la pratique

Après les fiançailles, la date du mariage est fixée dans les douze mois suivants. Selon le Talmud, l'homme doit se marier à dix-huit ans, âge qui correspondait à l'époque à celui de l'indépendance économique.

À la synagogue un dais nuptial est dressé au-dessus de la tête des jeunes époux, dais qui symbolise le nouveau foyer. Cette cérémonie en présence de la communauté et de deux témoins fut instituée par les rabbins pour garantir des droits importants à la femme en cas de divorce ou de veuvage. Tout dans la cérémonie rappelle les devoirs du mari vis-à-vis de sa femme : la lecture de la *kétouba* ou « écrit » de mariage, la formule « tu m'es consacrée par cet anneau selon la loi de Moïse et d'Israël » et la remise de l'anneau.

À la fin de la cérémonie, la récitation des sept bénédictions rappelle le rôle de l'homme et de la femme, comparés ici à Adam et Eve, c'est-à-dire créateurs de l'Histoire, et évoque le souvenir du temple de Jérusalem.

Cette évocation possède un double sens : tout d'abord le couple est considéré comme un autel consacré à l'Eternel, le foyer étant le véhicule de la « présence » divine ou *shékhina*, mais elle rappelle aussi que la joie ne saurait être complète sans la reconstruction effective du troisième Temple. C'est pourquoi l'usage s'est répandu dans les communautés que le marié brise un verre après les sept bénédictions en récitant le verset des Psaumes : « Si je t'oublie Jérusalem que ma main droite m'oublie ».

Ainsi les sept bénédictions commencent par le souvenir du jardin d'Eden pour s'achever en mentionnant Jérusalem, ville de la bénédiction et de la paix.

6- Le deuil

La mort apparaît dans la Bible comme la conséquence de la faute d'Adam. Cela ne signifie pas que le premier homme fut foudroyé sur place, mais qu'il devint mortel. Ainsi faut-il entendre le verset : « Car le jour où tu en mangeras (du fruit interdit), tu deviendras mortel » (Gn. III). Pour la Torah, nous sommes des mortels en sursis appelés à vivre pleinement les instants que l'Eternel nous offre. Chaque respiration est une grâce divine, et la vie est un miracle permanent. Tel est le cri de gratitude que pousse le croyant en ouvrant les yeux chaque matin : « Merci pour l'âme que Tu m'as rendue, grande est Ta compassion ». Cette vie est si précieuse, que tous les commandements peuvent être transgressés, s'il faut en sauver une seule. Comme dit le Talmud : « Qui sauve une vie sauve le monde entier ». Même quand la personne est au bord du départ, il ne faut rien faire pour hâter sa fin. Par contre, quand le dernier souffle est exprimé, tout doit être fait pour que sa dépouille retourne au plus vite à la terre (le judaïsme interdit la crémation) ; quant au souffle divin, il s'en retourne à sa source.

Dans la pratique

Pour le judaïsme, les rites de deuil ont d'abord pour finalité d'aider les proches à faire leur deuil.

La loi juive distingue plusieurs périodes.

L'agonie :

Lorsque l'on sent les derniers moments du mourant venus, on lui fait réciter une prière de confession qui tourne autour du thème de l'unité de Dieu et de sa providence.

La déchirure :

Elle consiste pour les sept proches parents (père, mère, frère, sœur, fils, fille, époux-épouse) à déchirer une partie de leur vêtement située près du cœur, pour marquer la séparation. Elle sublime également le sentiment d'amertume, voire d'agressivité inhérente à la douleur.

Avant l'enterrement :

L'endeuillé est dispensé de l'accomplissement des commandements positifs. L'acte religieux demande en effet conscience, intention et joie, ce qui ne peut être exigé ici. Il est coutume de lire au chevet du mort les Psaumes qui expriment la ferveur vis-à-vis du Créateur « Juge de vérité » dont nous acceptons les décrets. Selon les kabbalistes cette lecture a des effets bénéfiques sur l'âme du défunt. Des bougies sont également allumées au chevet du mort, qui symbolisent l'âme éternelle.

Après l'enterrement :

Les endeuillés récitent le Kaddich. Cette prière faite en araméen[68] n'est pas une prière pour les morts (le culte des morts est interdit), mais de sanctification du Nom divin. Elle traduit la reconnaissance du fidèle envers Dieu « pour le bonheur et le malheur », et son espérance en l'avènement messianique. Cette prière sera récitée durant toute l'année de deuil.

L'année de deui :

L'année de deuil est divisée en trois. Durant la semaine après l'enterrement, les endeuillés ne prennent point soin de leur corps et ne travaillent pas. Généralement, ils restent à la maison, et des prières sont organisées au domicile du défunt. Pendant le mois suivant, les interdits sont allégés mais un office est fixé au trentième jour. Enfin, la cérémonie de la fin d'année clôture la période. Les années suivantes une prière de rappel est organisée à la synagogue ou chez le défunt pour honorer sa mémoire.

Nous ne pouvons conclure ce chapitre, sans souligner le rôle fondamental de la communauté, qui loin d'être une structure anonyme sera toujours là pour aider, dans les joies ou dans les peines, les personnes en difficulté.

68. Langue parlée par la majorité des juifs après l'exil de Babylone. Cette prière a inspiré le « Notre Père » de l'Eglise.

CHAPITRE 9

Penseurs et grands courants du judaïsme

L'exil ne fut pas qu'un malheur pour le peuple juif, il permit aussi au génie d'Israël de s'exprimer de façon grandiose. Du Talmud à la Kabbale, du Moyen Âge aux temps modernes, les Pères, les exégètes, les savants, soit pour éduquer leurs fidèles, soit pour répondre aux attaques extérieures, soit encore pour se situer face aux nouvelles données scientifiques, philosophiques, ou historiques, élaborèrent des systèmes cohérents, où la foi, les rites, l'homme trouvaient pleinement leur place. Que le lecteur ne s'étonne point de l'aspect hétéroclite de ce chapitre, car derrière cette multiplicité d'approches – parfois irrémédiablement incompatibles – se révèle un principe unificateur pour le judaïsme : la liberté. Liberté d'écouter, liberté d'interpréter, liberté de lancer à la face de l'Eternel : « la Torah n'est plus dans les cieux » [69], elle est héritage et propriété des hommes. C'est ainsi qu'Israël a toujours exprimé sa fidélité à Dieu.

69. Deut. XXX,12. Cf. notre *Ces Hommes qui parlaient*. Le Rire de Dieu.

Nous présenterons ci-après quelques penseurs et courants, à nos yeux importants, dans un souci d'objectivité, tout en reconnaissant que nous avons dû faire un choix.

1- La foi des rabbins du Talmud

Les rabbins du Talmud considéraient qu'il n'y avait pas eu une seule Révélation de Dieu, mais deux : la première faite à Noé pour l'humanité et la seconde au Sinaï pour Israël.

Les Noahides

Selon le traité *Sanhédrin* (56a), les descendants de Noé reçurent après la catastrophe diluvienne sept lois, les *Noahides*, qui constituent le minimum imposable à la conscience humaine pour que les peuples puissent perdurer, sans basculer dans la violence. Ces sept lois forment la religion « catholique », c'est-à-dire universelle d'Israël.

1) *L'interdiction de l'idolâtrie*, qui ne signifie pas adhésion au monothéisme absolu d'Israël, mais qui demande de reconnaître un principe unificateur au-dessus de la multiplicité des divinités.

2) *L'interdiction du blasphème*, c'est-à-dire l'interdiction de dire le mal contre sa propre mémoire religieuse, quel que soit le nom que l'on donne à son Dieu. Ce principe surprenant découle du monothéisme qui affirme que le polythéisme est une déformation du monothéisme originel. Toute idolâtrie est, d'une certaine manière, un service de Dieu dévié.

3) *L'interdiction du meurtre*, respect de la vie d'autrui.

4) *L'interdiction d'union avec ses proches parents*, respect de la filiation.

5) *L'interdiction du vol*, respect du bien d'autrui.

6) *L'interdiction d'arracher le membre d'un animal vivant*, respect de la vie animale.

7) *L'obligation d'établir des tribunaux*, afin de défendre le droit et la liberté de chaque citoyen, et de faire respecter les six autres règles.

Ainsi, sans passer par une conversion au judaïsme, le non-juif respectueux de ces règles acquiert une dignité qui le rend l'égal du Grand prêtre sortant du Saint des saints, le jour de Kippour[70].

Les 613 mitsvoth

« Rabbi Simlaï enseigne : 613 *mitsvoth* furent données à Moïse au Sinaï. Sur quel verset appuyer cet enseignement, demanda rav Amnouna ? Sur le verset : "la Torah que Moïse nous a enseignée est l'héritage de la Maison de Jacob" (Deut. XXXIII, 4). La valeur numérologique de Torah (tav, vav, rech, hé) est équivalent à (400 + 6 + 200 + 5 =) 611, ajoutons les deux premières Paroles entendues de la bouche du Tout-Puissant nous obtenons 613. » [71]

Selon cette tradition orale, la Révélation de Dieu à Israël appelle 613 rites pratiques. Souvent l'auditoire est effrayé à l'annonce de ce chiffre, nous le rassurons en disant que ce corpus concerne Israël dans son ensemble (hommes, femmes, cohen, lévi, roi, etc.), et jamais un seul individu ne pourra tout accomplir.

À défaut de citer de façon exhaustive ces 613 commandements, nous nous bornerons à présenter trois types de classement. Tout d'abord, on distingue 248 commandements positifs et 365 négatifs. Ces chiffres correspondent pour le premier au nombre d'organes du corps humain selon la médecine talmudique, le second aux jours de l'année solaire. Une manière de dire que les *mitsvoth* interpellent autant l'être physique dans l'espace, que l'être moral dans le temps.

L'analyse de la Bible permet également de classer ce corpus en :

- Lois sociales (*Michpatim*) qui régissent les rapports humains dans la cité hébraïque.

- Lois de témoignage (*Edouyoth*), cérémonielles, qui actualisent les événements vécus par les enfants d'Israël, depuis la sortie d'Égypte, jusqu'à leur arrivée aux frontières de la terre promise.

---

70. Traité – Dernière Porte – *Baba Batra* 38a.

71. Traité – Flagellations – *Makoth* 23b. Selon cette tradition, Israël n'entendit pas tout le Décalogue, mais les deux premiers commandements uniquement.

- Lois religieuses (*Houkim*) ou « décrets divins » qui ne sont justifiés ni par la socialité, ni par l'histoire, mais traduisent la soumission du croyant à la volonté transcendante de Dieu. Parmi ces « décrets », citons les règles alimentaires (*kasherouth*) ou l'interdiction de porter des vêtements tissés de laine et de lin.

Un dernier classement distingue les commandements vis-à-vis de Dieu (religieux) et ceux vis-à-vis du prochain (moraux).

Si le chiffre de 613 *mitsvoth* fut accepté par l'ensemble des Docteurs, la discussion porta sur le choix de ces commandements et leur domaine d'application. En fait, la Torah n'a donné que des règles générales, elle a laissé aux sages le soin de gérer la jurisprudence. Grâce aux treize règles herméneutiques, et au pouvoir de la discussion, le judaïsme se dotait de clefs qui permettaient de commenter les textes. Finalement, c'est le pouvoir rabbinique qui maintint la cohésion de la communauté durant l'exil.

Foi, étude et rites

Ouvrons ici une parenthèse, car une question revient souvent : « Pourquoi "triturer" le texte ? La croyance, la foi en Dieu, en son unité et en sa providence ne suffisent-elles pas ? » Ce fut l'un des points de fracture entre la Synagogue et l'Église quand cette dernière opposa « foi » et « loi ». Pour répondre, il faut comprendre que le juif prend la Révélation très au sérieux. Le Créateur s'est manifesté au Sinaï lors d'une théophanie grandiose, devant des hommes, des femmes, des enfants, des Hébreux et des non-Hébreux, pour transmettre le Décalogue, Il a ensuite communiqué toute la Torah à Moïse. Ainsi chaque verset, chaque mot, chaque lettre est l'expression de la volonté divine couchée sur le parchemin. En discutant avec ferveur de la loi, l'étudiant plonge dans l'océan de la sagesse du Très-Haut. Dès lors, ces paroles ne sont plus transcendantes, elles sont acquises par l'homme, car retravaillées, remodelées, humanisées. Ces discussions, parfois sans conclusion (principe de *tékou*) avaient pour but d'extraire la règle de conduite idéale, de trouver le geste, la posture, l'instrument qui allaient le mieux traduire la foi ; judicieux mélange entre parole divine et parole humaine. Tout le judaïsme est là :

s'approprier ce qui est à Dieu au nom de Dieu, pour le retourner à Dieu, enrichi de l'effort de la conscience.

Si depuis la destruction de Jérusalem, Israël ne pouvait plus approcher de bélier sur l'autel, il pouvait offrir son étude. « Depuis la destruction du Temple, le Saint, béni soit-il, ne possède en ce monde que les quatre coudées de la loi[72]. »

D'une certaine manière, chaque étude qui mène à la *mitsva* est un sacrifice, le plus beau qui puisse être, car il exécute l'animal qui sommeille en l'homme et le transforme en un mouvement d'amour. Pour le juif, il n'existe aucune contradiction entre « foi » et « loi », car la foi ne peut s'exprimer que dans la loi. La foi ne précède pas le rite, la foi est le rite même.

Les maîtres du Talmud n'étaient pas des philosophes ou des théologiens. À l'instar des prophètes, ils s'attachaient à l'aspect pratique des choses. « Ce n'est pas la recherche de sens qui est l'essentiel mais l'action » dit le traité des « Pères », faisant écho à l'engagement des enfants d'Israël au Sinaï : « Nous ferons (d'abord) et (par là) nous comprendrons ». Ce que les Docteurs désiraient avant tout, était de renforcer la foi des fidèles afin qu'ils deviennent de bons serviteurs de Dieu, totalement désintéressés sur le plan de la rétribution. Dieu s'était révélé, Il avait offert sa Parole, Il avait fait de l'homme son associé. Aussi l'insigne honneur de l'homme consistait à actualiser cette « Présence », par la pratique des commandements.

Il arrivait qu'un disciple pose ainsi sa question : « Maître, par quel mérite as-tu prolongé tes jours ? » ou « Quelle bonne action as-tu accomplie pour mériter ceci ou cela ? ». La « théologie » talmudique était simple et pragmatique. Comprendre la relation de Dieu avec le monde, ce qu'il était en Lui-même, saisir le fonctionnement de sa providence, tout cela n'était au final pas très important. L'exemple du malade prenant ses médicaments, indépendamment de toute connaissance en chimie, fut souvent avancé pour illustrer cette vision des choses.

Mais le judaïsme ne vivait pas en vase clos, les idées circulaient

72. Traité - Bénédictions - *Bérakhoth* 8a.

et pénétraient les esprits. C'est à Alexandrie que la rencontre avec la pensée grecque eut lieu, rencontre qui allait avoir des conséquences majeures et irréversibles sur l'avenir du judaïsme.

2- Philon d'Alexandrie

Le premier de ces juifs hellénisés qui tentèrent une synthèse entre doctrine biblique et pensée grecque fut Philon d'Alexandrie (13 av. J.-C.-54). Malgré une interprétation de la Torah inspirée du Midrash, il devint plus célèbre dans le christianisme que dans le judaïsme, sa méthodologie allégorique séduisant les Pères de l'Église. Philon fut un précurseur de la philosophie juive du Moyen Âge, mais il naquit trop tôt. N'ayant pas brillé sur le plan talmudique, ayant écrit dans la langue de Platon, son œuvre ne fut conservée que dans la mémoire des spécialistes et des historiens.

La rencontre avec Athènes devait se poursuivre via la pensée arabo-musulmane. Avec son essor au VIIIe siècle, l'Islam se dotait de sa propre théologie fondée sur un monothéisme aussi absolu que celui de Moïse. Ce fut le discours (*Kalam*) des penseurs moutazilites (les « isolés ») qui offrit à la nouvelle religion, les bases d'une doctrine rationaliste. Les grandes questions du *Kalam* tournaient autour de l'unité de Dieu, la création du monde, le problème du mal, le rapport providence divine/liberté humaine, et la pratique juste ou orthodoxe.

3- Saadia Gaon

L'influence du *Kalam* fut si forte qu'il toucha l'un des grands maîtres juifs babyloniens, Saadia Gaon (*Gaon* était un titre de noblesse et d'érudition attribué à quelques rares autorités) qui compila le *Livre des croyances et des opinions* dans lequel les arguments moutazilites étaient clairement perceptibles. Par cet écrit, Saadia voulait renforcer la foi de ses fidèles, et repousser les arguments des Caraïtes, mouvement religieux d'origine juive qui refusait l'autorité de la tradition orale, pour ne s'attacher exclusivement qu'à la tradition écrite. Considérant que la souveraineté de la raison ne pouvait contredire la souveraineté de la Révélation, Saadia prépara le terrain aux penseurs espagnols.

4- Les écoles exégétiques de l'Europe du Nord

La science talmudique fut importée en Allemagne dès le VIIIe siècle, grâce à des maîtres italiens que Charlemagne avait déplacés, comme rabbi Kalonymos et son fils Moché de Mayence. Aussi important que fût leur travail pour la promotion de la science juive, leur exégèse péchait par manque de connaissance de la grammaire hébraïque et de la grammaire arabe (alors que le judaïsme espagnol profita des travaux de Hayyoudj ou de Ibn Djanah). Or, il reste indéniable que la bonne grammaire fait le bon commentaire. Cette lacune entraîna que les docteurs, jusqu'au XIe siècle brillèrent essentiellement par l'exégèse homilétique et midrashique (rabbi Moché *Ha-darchan* « le maître de l'homélie » de Narbonne ou rabbi Simon *Ha-darchan* de Francfort).

Dans cette logique d'enseignement, l'ouvrage de Simon ben Helbo, le *Yalkout Chimoni*, « Recueil de Simon », travail de compilation dans ce genre littéraire, trouva naturellement sa place. Mais quels qu'aient été la valeur d'une telle méthode et l'attrait (toujours vivace) qu'elle exerçait sur le public, il ne pouvait remplacer l'explication simple et sans équivoque du verset. Un érudit dont le nom allait traverser les frontières et le temps allait redonner ses lettres de noblesse au sens naturel : rabbi Salomon Itshaki dit Rachi[73].

5- Rachi

La légende populaire va bon train sur le compte de cet exégète génial. Elle le fait voyager dans toute l'Europe, en Asie et en Afrique, distribuant ses feuillets dans les synagogues comme l'antique sibylle. Certains disaient qu'à Worms, d'autres qu'à Troyes, se trouvait un renfoncement de mur qui aurait été sa niche

73. Tous les rabbins à partir de cette époque porteront comme diminutif les initiales de leur prénom et de leur père.

d'étude, voire la trace d'un miracle qui aurait épargné sa mère alors enceinte de son petit prodige. Contemporain de Godefroy de Bouillon, héros de la première croisade, Rachi aurait reçu ce seigneur pour lui prédire l'avenir avant son expédition. Tous ces contes populaires ne sont là que pour témoigner de l'aura dont bénéficia Rachi déjà de son vivant et bien plus après sa mort.

Commentateur subtil du Talmud, de la Bible et du Midrash, il est fréquent aujourd'hui de rencontrer dans de petites éditions du Pentateuque son seul commentaire. Cette notoriété et son travail colossal lui ont valu le titre de *parchan data*, « commentateur de la loi » [74]. Son commentaire fut si apprécié qu'il fut à son tour commenté, et traduit en latin, en allemand, en anglais, en français.

Rachi (1040-1105) vécut à Troyes, en Champagne, après avoir étudié dans sa jeunesse à Worms. En dehors de son travail de vigneron, il fut un érudit inlassable et un pédagogue hors pair, son seul but étant de rendre clair le sens d'un texte de la tradition écrite ou de la tradition orale. Contrairement à Saadia qui écrivait en arabe, Rachi écrivait en hébreu, insérant parfois des mots en ancien français (souvent cités dans les dictionnaires étymologiques), afin de rendre compte du terme hébraïque. Ne connaissant ni les attaques des Caraïtes, ni la philosophie gréco-arabe, Rachi se contenta d'expliquer le texte sans faire de longues digressions, tout au plus se permit-il parfois, lorsque la raison était heurtée, de dire que tel Midrash ne correspondait pas au sens naturel du verset. Cette tendance à l'exégèse littérale fut une grande révolution pour l'époque, mais telle était à ses yeux sa propre vocation : « Je ne suis venu que pour expliquer le sens littéral » dira-t-il, ou selon la formule talmudique consacrée : « Le verset ne sort jamais de sa littéralité » (Traité *Chabath 63a*).

Écoutons le témoignage de l'un de ses petits-fils rabbi Samuel ben Méir : « Rabbi Salomon, mon grand-père maternel, lumière de l'exil, qui a commenté le Pentateuque, les Prophètes et les Hagiographes, s'est efforcé de développer le sens littéral des versets. Et moi Samuel fils de Méir, j'ai eu des discussions avec

74. Jeu de mots à partir d'Esther IX,7.

lui et il m'a avoué que s'il en avait eu la possibilité il aurait repris son travail en fonction du sens littéral » [75]. Rachi fut, en fonction des données dont il disposait pour l'époque, un excellent grammairien, ce qui lui permit de réaliser sa mission interprétative. Son exemple, tant pour sa piété que pour sa méthode, fut suivi par ses disciples au nombre desquels se trouvaient ses propres petits-enfants. Toute cette école qui se développa au nord de la France fut désignée sous le nom d'école des « Tossafistes » ou « Ajouteurs ».

6- Rachbam

Parmi ces « Tossafistes », citons de nouveau rabbi Samuel ben Méir dit Rachbam. Né en 1085, il commenta la Torah en poussant davantage l'analyse littérale, ce qui l'amena à rejeter certains commentaires de Rachi, jugés trop « midrashiques » à ses yeux. Il compléta aussi les passages talmudiques que son grand-père n'avait pas ou peu commentés. Rachbam est resté le plus éminent exégète français de son époque[76].

Au plan talmudique, les Tossafistes inaugurèrent une méthode d'analyse fondée sur une dialectique alimentée par l'opposition de deux textes. Cette méthode qui se développa par la suite dans l'Europe de l'Est, à partir du XVe siècle, fut désignée par le terme de *pilpoul* (soit du chaldéen, *palpéla* = poivre, ou de *palol* = penser[77]). Cette casuistique talmudique fut critiquée par certaines autorités religieuses, quand elle se transforma en pure gymnastique intellectuelle.

7- Peut-on parler de philosophie juive ?

Arrivé sur les bords de la Méditerranée, en Afrique du Nord et surtout dans la péninsule ibérique, le *Kalam* rencontra de nouveau

75. Commentaire de Rabbi Samuel ben Méir sur Gn. XXXVII,1.
76. Il fut l'aîné de trois fils devant deux autres célèbres Tossafistes : Rabbi Isaac et Rabbi Jacob (*alias* Rabbénou Tam).
77. Traité – Cessation – *Chabath* 31a ou Traduction araméenne sur Job XI,12.

la pensée grecque qui brillait alors par les écrits en arabe d'Aristote. Entre le VIIIe et le XIe siècle, la pensée musulmane connut son heure de gloire avec des maîtres prestigieux comme Al-Farabi, Ibn Sina dit Avicenne, Ibn Rushd dit Averroès. Cet héritage gréco-arabe fut au final accepté par les penseurs du judaïsme, non sans passer bien sûr par le crible de la lecture biblique. Une fois de plus, le judaïsme allait se modeler en fonction des courants philosophiques du temps.

Est-ce à dire qu'il s'agissait d'une « philosophie » au sens d'un mouvement de la pensée indépendante ? Non. La philosophie, telle qu'elle était exercée à Athènes, comme plus tard à Port Royal, Berlin ou Amsterdam était fondée sur le doute et les seules exigences de la raison libre. Les penseurs religieux, qu'ils fussent juifs, chrétiens ou musulmans étaient d'abord des hommes de foi, des croyants. Leur démarche ne consistait donc pas à découvrir Dieu ou l'idée de Dieu, mais à résoudre les contradictions entre foi et raison, ce qui était nouveau par rapport à la démarche des maîtres palestiniens ou babyloniens. La philosophie était dans ce cas plus un moyen, une méthode, qu'un but en soi. C'est donc abusivement que l'on parle d'un Maïmonide comme d'un « philosophe » alors qu'il était métaphysicien. Malgré tout, et telle est la liberté de l'interprétation, c'est du cœur même du discours prophétique, talmudique ou midrashique, que la pensée juive moderne s'élabora.

Cette littérature espagnole eut quelque influence sur la pensée universelle : Maïmonide qui influença saint Thomas d'Aquin, Crescas, dont nous reparlerons, et dont les thèses furent reprises par Pic de la Mirandole, ou l'exégète Abraham Ibn Ezra dont le travail fut loué par Spinoza. Mais au fond, ces auteurs écrivaient d'abord pour leur communauté, même si l'on s'aperçut très vite que la plupart parlaient un langage élitiste que la masse ne pouvait saisir dans toute sa finesse.

8- Salomon Ibn Gabirol

Dès le IXe siècle et jusqu'au XIIe siècle, le système de référence de la pensée juive fut néoplatonicien (Plotin et Proclus). Celui qui promut à l'excellence cette philosophie fut Avicebron, qui n'était autre que le poète et penseur Salomon Ibn Gabirol. Ibn Gabirol fut en effet l'auteur d'un livre de philosophie pure (il fut l'exception à la règle) : *La source de vie*, traduit en latin par *Fons Vitae*. Il s'agissait d'un ouvrage typiquement néoplatonicien, dans lequel aucune référence à la Bible ou au Talmud n'était avancée.

Dans la Synagogue, Ibn Gabirol est resté célèbre par son poème *Adone Olam* « Maître du monde », récité à l'office du matin, et par sa « Couronne de royauté » (*Keter malkhouth*) récitée dans certaines communautés le jour de Kippour qui est un très beau texte d'inspiration néoplatonicienne, sur la souveraineté divine.

9- Abraham Ibn Ezra

On ne peut parler de cette époque sans citer Abraham ben Meïr Ibn Ezra (1089-1164) qui, bien que se présentant comme exégète (son commentaire est toujours imprimé dans les éditions classiques de la Bible), n'en restait pas moins un métaphysicien. D'une rare intelligence, il embrassa toutes les sciences de son temps. Il devint ainsi mathématicien, astronome, astrologue, médecin, linguiste, poète, redoutable grammairien[78], et amateur d'art.

Aux yeux de deux de ses contemporains non-juifs, Basnage et Bernard de Rossi, il passa pour avoir été un génie : « Il fit en mathématiques et en astronomie des découvertes si remarquables, que les plus habiles mathématiciens ne se firent aucun scrupule de se les approprier ».

Voyageur infatigable, il écrivait sans arrêt pour vivre. Malheureusement beaucoup de ses livres qui se rapportaient aux mathématiques et à l'astronomie sont aujourd'hui perdus. Heureusement, à côté de son commentaire biblique, il nous reste ses écrits et ses études de grammaire. Il parcourut l'Espagne, la

78. Cité comme tel par les Tossafistes à plusieurs reprises dans les traités –Tête de l'année –*Roch Hachana* 13a, – Jeûne – *Taanith* 20b ou – Mariages – *Kiddouchin* 37b.

France, l'Italie, la Grèce, la Palestine, la Perse et l'Inde où il fut réduit en captivité. Délivré, il retourna en Europe, visitant l'Angleterre, se rendant à Rome, à Rhodes où il terminera semble-t-il ses jours aventureux et agités, à soixante-quinze ans. Ibn Ezra était tenu en haute estime par Maïmonide qui dans son échange épistolaire avec son fils, le cite comme « l'Exégète » par excellence.

10- Bahya Ibn Pakûda

Bahya ben Joseph Ibn Pakûda fut rabbin de Saragosse. Il écrivit *Les devoirs du cœur,* un traité de moral juive en dix chapitres dont l'esprit général fut emprunté aux mystiques ascétiques arabes, les sûfis, et dont le chapitre sur l'unification de Dieu est d'inspiration néoplatonicienne. Ibn Pakûda était si ouvert à la vérité qu'il cita même un texte évangélique et un *hadith* du Coran attribué à Jésus, considérant que la vertu ne connaissait pas de religion. Son livre, qui ouvre l'âme à une foi ardente, eut un tel impact sur le public qu'il devint très vite un classique du judaïsme. Mais le grand penseur de cette fin de siècle fut Juda Halévi.

11- Juda Halévi

Juda ben Samuel Halévi de Castille (1075-1141), en arabe Abou'l-Hassan, fut un poète fécond et plein de finesse (les *Sionides*), l'un des plus grands de la Synagogue. Il fut également un penseur éminent, quoique réservé devant la métaphysique, et un grammairien de haut niveau. C'est dans son ouvrage majeur, le livre du *Khûzari*, sous-titré *Le livre de la réponse et de la preuve en faveur de la religion méprisée*, qu'il développa sa vision du judaïsme. En prenant prétexte de la conversion au VIIIe siècle, du roi des Khazars et de son peuple (tribu tartare de la Volga) au judaïsme, il posait le décor de son discours.

Ce roi, en recherche de vérité, rencontrera successivement un philosophe, un chrétien, un musulman, avant de dialoguer avec le rabbin, discussion qui occupera la grande majorité de l'ouvrage.

Déçu par la froideur du philosophe qui lui présentait un dieu anonyme, pour qui le culte n'avait aucune valeur et entendant de la bouche du chrétien ou du musulman, qu'ils se référaient tous deux aux prophètes d'Israël, le souverain se résolut à rencontrer le représentant de la « foi méprisée ».

Juda Halévi fut le premier à opposer le « Dieu d'Aristote » au « Dieu d'Abraham ». Le premier est un dieu en général, organisateur d'une nature éternelle, mais n'ayant aucune connaissance intime de l'homme et n'attendant rien de lui. Le Dieu d'Abraham est, à l'inverse, un Dieu qui communique, qui porte un nom, qui peut être invoqué et qui appelle ses prophètes. La crainte et l'amour de Dieu ne sont point de vains concepts, mais les piliers de la vie religieuse qui engendrent la joie du service divin; cette joie du croyant qui tranchera radicalement avec l'austérité du philosophe.

L'autre thème développé est celui de la Révélation. Moment unique de l'histoire humaine, elle ne concerne pas tel ou tel individu qui communiqua ensuite sa vision à quelques disciples, mais elle fut adressée à toute une collectivité humaine. Cette expérience fut si forte qu'il fallait la maintenir vivante dans les esprits et la mémoire. Tel fut le but assigné à la pratique des commandements.

Pour Juda Halévi, chaque rite accompli devient un nouvel engagement vis-à-vis de Dieu. En respectant le Chabath, en posant les *téfilines* sur son bras ou sur sa tête au moment de la prière, en sonnant la corne de bélier au Nouvel An, le croyant reprend en charge l'alliance sinaïtique, et accepte de continuer à être témoin de Dieu aux yeux de l'humanité, même si l'exil empêche la maison de Jacob de jouer pleinement son rôle de « royauté de prêtres ». Dès lors « Israël est aux nations ce que le cœur est au corps », un centre vital qui alimente par son discours prophétique l'Histoire entière. Cette Histoire livrée certes aux déterminismes depuis la Création, n'en est pas moins miraculeuse pour les descendants d'Abraham. La survie de la nation méprisée ne peut être expliquée que par une providence particulière, qui en protégeant Israël, préserve son message.

Sans doute confronté aux disputations avec la chrétienté, Halévi répond aux attaques des Pères de l'Église pour qui le sort misérable des juifs est la preuve de leur crime vis-à-vis de Jésus. Israël souffre mais Israël est vivant, répond notre auteur. Cette souffrance ne traduit aucun crime, mais souligne au contraire sa fidélité à la première alliance. C'est cette obstination, « cette nuque raide », qui entraîne la jalousie et la haine des peuples.

Dans cette logique, l'Histoire n'est plus anonyme, elle est porteuse d'un sens que notre auteur nomme *inyan aélohi* « projet divin », dont les grands monothéistes depuis l'origine furent toujours au fait. Telle est la véritable fonction de la prophétie qui est la capacité de discerner dans l'événement impersonnel, le souffle divin qui anime le monde, et qui pousse les voiles de l'Histoire vers son rivage messianique. Mais pour que cette prophétie fût possible, deux conditions doivent impérativement être remplies. Israël (sa majorité en tout cas) doit retrouver sa terre. Car cette terre qui « rend sage », est située sous le regard de Dieu « du début de l'année à la fin de l'année », alors que les autres pays sont placés sous l'influence d'anges tutélaires qui constituent une barrière entre les hommes et l'Eternel. De plus Israël doit pratiquer la Torah, qui permet de recevoir le flux de l'énergie divine, faisant de chaque membre de la communauté un prophète en puissance.

Certains penseurs reprochèrent à Juda Halévi son discours par trop ségrégationniste. S'il est vrai que quelques lignes restent suspectes comme l'infériorité du converti au juif d'origine, la visée d'Halévi restait universelle, il s'agissait pour les descendants d'Abraham d'être « une bénédiction pour toutes les familles de la terre ». L'on peut dire qu'il fut à la fois le précurseur du Hassidisme du XVIIIe siècle et du sionisme religieux du XIXe siècle.

Son système, tout en puisant à de profondes intuitions religieuses, et construit sur une philosophie existentielle et phénoménologique, ne pouvait cependant répondre aux attaques du naturalisme aristotélicien. Cette vision impliquait le principe d'une causalité infinie dans un univers incréé et donc éternel. Si le judaïsme ne voulait pas rester une foi populaire coupée de son élite intellectuelle, il fallait agir sur le terrain même de cette philosophie. Ce fut le travail de Moché ben Maïmon, Maïmonide, l'Aigle de la Synagogue.

12- Maïmonide

Moché ben Maïmon, Maïmonide dit Rambam reste sans conteste le plus grand penseur du judaïsme rationaliste. Il marqua de son empreinte non seulement son siècle, alimentant la génération suivante de vives polémiques, mais il reste toujours d'une grande actualité tant dans les milieux piétistes qu'universitaires. Il fut un personnage clef de l'évolution religieuse de la pensée juive, au point que ses défenseurs comme ses détracteurs furent amenés à repenser le judaïsme à l'aune de sa propre réflexion.

Né à Cordoue en 1135, il était le fils de Maïmon ben Joseph, un illustre talmudiste et un astronome distingué. Le jeune Moché fut initié, comme les jeunes juifs séfarades de son époque, aux sciences juives et profanes (dans les milieux ashkénazes par réaction à l'antisémitisme les parents refusaient d'enseigner des matières profanes à leurs enfants). Par sa vive intelligence et sa curiosité intarissable, il put s'approprier et posséder à fond toutes les richesses scientifiques des Arabes : mathématiques, astronomie, philosophie, histoire naturelle, médecine.

Devant fuir l'Espagne à cause de l'invasion des Almohades, musulmans fanatiques, venus du Maroc, il finit par s'installer à Fostat en Égypte. Là, il fut remarqué par le sultan Saladin qui l'appela comme médecin de la cour. Durant cette période, tout en exerçant avec assiduité son métier, il rédigea de nombreux ouvrages d'une grande richesse intellectuelle, dont un commentaire de la Michna, dans lequel il développa une introduction à la psychologie tout à fait remarquable, un ouvrage de synthèse législatif du Talmud : le *Michné Torah*, un traité de philosophie religieuse, le *Guide des Perplexes* (nous préférons ce terme à celui d'« Egarés » en référence à l'original arabe), ainsi que des opuscules portant notamment sur le traitement des maladies psychosomatiques et la diététique.

Par son *Guide*, il voulait éclairer, sur le vrai sens des Écritures, les croyants de bonne foi, troublés par les antinomies entre la Bible et la raison, et qui se sentaient obligés de sacrifier la première à la seconde ou inversement, sans pouvoir se résoudre à ce sacrifice. Maïmonide voulait apaiser les consciences indécises, « perplexes » tiraillées par les tensions entre religion et philosophie. Aussi utilisa-t-il l'exégèse biblique pour accéder à la vérité, ce qui était pour lui « la véritable manière d'étudier la Torah ».

Au niveau de la méthodologie, Maïmonide suivit l'explication rationnelle (*pchath*). Entre plusieurs passages allégués par le Talmud à propos d'un même fait, il choisissait celui dont le sens naturel se prêtait le mieux à la preuve désirée. Parfois, il écartait tout bonnement une preuve talmudique pour lui substituer une plus concluante tirée de la Bible. Usant du principe « les portes de l'interprétation ne sont pas fermées pour nous », il trouvait légitime et même nécessaire de mettre la parole révélée en harmonie avec les faits reconnus par la raison, et dans ce but, il ne craignait pas de détourner de leur signification évidente nombre de termes et de passages de l'Écriture. Certains enseignements du Talmud ou du Midrash qui, pris à la lettre, choquaient le bon sens ou le véritable sentiment religieux, étaient réinterprétés sur le plan allégorique.

Maïmonide ressentait le plus grand respect pour Aristote en qui il voyait le plus sublime représentant du genre humain après les prophètes, qui eux avaient bénéficié directement de l'inspiration divine. Le postulat de Maïmonide fut que foi et raison ne pouvaient aucunement se contredire, ou pour le dire autrement, le but de la raison était d'épurer la foi religieuse de toutes ses déviations fantasmatiques, comme la superstition, la magie, le panthéisme ou les anthropomorphismes.

Alors que ses prédécesseurs faisaient de la Création le principe premier du discours monothéiste, Maïmonide relégua cette question au second plan, derrière celle plus importante à ses yeux de la volonté divine inscrite dans le monde. Il fallait savoir si ce monde procédait de Dieu sur le mode de l'émanation comme le froid émane de la glace ou le rayon lumineux du soleil, ou si le rapport entre Dieu et le monde était fondé sur une volonté libre et totale. Ainsi la question de l'existence d'une matière préexistante ne devait pas remettre en cause l'unité de Dieu, ni les fondements du discours biblique. Du fait de l'impossibilité de fonder philosophiquement la Création, elle ne pouvait devenir prémisse de la preuve de l'existence de Dieu, aussi c'est en avançant vingt-six propositions tirées de la *Physique* d'Aristote, qu'il appuya sa démonstration. Mais ne désirant pas se départir de la foi de ses pères qui pensaient l'apparition de l'existence à partir du néant, *ex nihilo*, il pencha par foi pour cette thèse.

Il était clair pour Maïmonide que le langage humain ne pouvait parler de Dieu en terme positif. Cette exigence de la foi qui reposait sur le respect absolu de l'unité et de l'incorporéité divine l'obligea en première partie de son *Guide* à reconsidérer tous les anthropomorphismes bibliques. Il arriva à la conclusion qu'il fallait interpréter de façon négative tous les attributs divins. Affirmer que « Dieu est Un » signifiait qu'Il n'était pas multiple. « La Bible parle le langage des hommes », certes, mais entre l'homme et Dieu aucune commune mesure.

En ce qui concerne la providence, il considérait qu'elle était proportionnelle à la capacité d'élévation de l'homme, le sot subissant le même sort que la bête. Pour pouvoir bénéficier de cette protection particulière, il fallait accéder à la connaissance de Dieu, qui passait par la maîtrise des sciences physiques et métaphysiques et de la Torah. Seules ces connaissances ouvraient la porte à la vie éternelle de l'âme, qui pénétrait alors dans l'univers de la connaissance permanente. Bien qu'il rejoignît Aristote sur ce point, il n'en restait pas moins fidèle à la foi de ses pères qui avaient toujours mis l'accent sur l'action droite. Aussi cette connaissance ne devait pas s'arrêter à l'extase, mais devait s'ouvrir sur l'imitation des attributs divins. Pour accéder à cette connaissance, Dieu donna à Israël des commandements. Maïmonide considérait qu'accomplir un rite sans en saisir le sens ne pouvait conduire à l'élévation suprême, aussi proposa-t-il en troisième partie de son *Guide* quelques explications originales. Beaucoup de commandements, surtout ceux concernant le culte, furent donnés pour rompre avec l'idolâtrie égyptienne ou le paganisme en général, d'autres servaient à éduquer la conscience des hommes afin de les approcher de l'amour de Dieu et du prochain. L'on peut affirmer que la démarche maïmonidienne inaugura la démarche scientifique des XIXe et XXe siècles et ouvrit la porte à la science des religions.

Comprenant qu'il fallait donner des bases à la foi juive, Maïmonide n'hésita pas à proposer un credo en treize points, les « 13 articles de foi », ce qui était une première rabbinique, le judaïsme s'étant toujours refusé à tomber dans le dogmatisme. Mais l'auteur n'était pas n'importe qui, et sa proposition fut acceptée par la communauté, au point que ses treize principes sont encore chantés à la Synagogue. Son credo affirmait globalement l'unité et l'incorporéité divine, la nécessité de ne servir que Lui, la valeur de la Révélation, la grandeur de Moïse, la permanence du message toraïque, la juste récompense des vertus, la croyance en la venue du Messie et en la résurrection des morts.

Maïmonide mourut en 1204, laissant derrière lui non seulement une littérature abondante, mais surtout un engouement pour la philosophie, ce qui allait bouleverser la vie des communautés juives. Entre le XIIIe et le XIVe siècle, le développement de la Kabbale aidant, certains rabbins du Sud de la France commencèrent à s'inquiéter de cette euphorie qui, à leurs yeux, risquait de dénaturer la véritable foi. L'allégorisme, l'interprétation rationnelle des miracles, le refus de la religion populaire, la référence permanente à Aristote, tout cela pouvait affaiblir la pratique religieuse, et donc le judaïsme. Cela engendra de grandes controverses entre 1230 et 1233, puis entre 1303 et 1336, les fous l'emportèrent sur les sages, et le *Guide* fut brûlé. Il fallut attendre le XIXe siècle et le mouvement de la Science du judaïsme, pour que Maïmonide retrouve ses lettres de noblesse en tant que penseur.

Dans tout son travail, Maïmonide ne visait qu'un seul but : répandre la doctrine saine et rationnelle, agir sur le cœur de ses coreligionnaires pour élever leurs sentiments et sanctifier leur vie. Sa plume était pleine d'exhortations paternelles à aimer l'Eternel, d'un amour pur et totalement désintéressé. « La perfection de l'homme, conclut-il, consiste à connaître Dieu autant que faire se peut, à apprécier sa souveraine sagesse dans la création et le gouvernement de l'univers, et à diriger sa vie conformément à cette connaissance, c'est-à-dire que l'homme doit aspirer sans cesse à imiter son divin modèle, en exerçant l'amour, la justice et la vertu selon la parole du prophète Jérémie (IX, 9) : « car c'est cela que Je désire, oracle de l'Eternel. »

13- L'école spéculative

Sur le plan des idées, l'œuvre de Maïmonide engendra trois courants exégétiques : La tendance philosophique (spéculation pure), la tendance mystique (Kabbale), la tendance rationaliste (philosophie religieuse). Ce sont les deux premières, aussi éloignées l'une que l'autre de l'esprit maïmonidien, qui se disputeront la couronne, ce sera la dernière qui traduira au mieux la fidélité au Maître.

Parmi les grands penseurs de la première école, citons Lévi ben Guershom dit Ralbag ou Gersonide. Le monument le plus important de sa pensée fut *Les Guerres de l'Eternel*, qui traite entre autres de l'immortalité de l'âme, de la prescience divine, de la providence, et de la Création. Malgré un rationalisme fort prononcé, ce livre obtint un franc succès, succès d'autant plus étonnant, écrira au XIXe, Salomon Munk, « que l'auteur – premier philosophe juif qui ose combattre ouvertement le dogme de la création *ex nihilo* – reconnaît sans détour la philosophie d'Aristote comme la vérité absolue et, sans prendre les réserves que Maïmonide avait crues nécessaires, fait violence à la Bible et aux croyances juives pour les adapter à ses idées rationalistes. »

À la même époque vivait à Perpignan, Moïse Narboni. Dans un style concis et parfois difficile à lire, il adopte les mêmes doctrines que son illustre contemporain, doctrines qui primeront pour lui aussi sur les traditions de la Synagogue.

14- La Kabbale

De la racine *kabbel* « recevoir », la Kabbale désigne d'abord l'enseignement des Prophètes, puis la tradition orale (ce qui est reçu).

Par la suite elle désigna le quatrième niveau de connaissance de la Torah, le *sod* ou « secret » [79], Les travaux scientifiques de Guershom Scholem (1897-1982), Israélien d'origine allemande, et aujourd'hui de Moshé Idel ont mis en évidence que quelles que soient les sources juives et non-juives dont elle s'abreuvait, la Kabbale restait un élément majeur du judaïsme moderne. L'on peut même dire qu'elle fut la plus puissante production de la spiritualité exilique, dans la mesure où elle pénétra dans toutes les couches de la collectivité, des plus ignorants aux plus érudits; ce qui ne fut pas le cas de la philosophie juive du Moyen Âge qui s'adressa toujours à une élite intellectuelle.

Cette tendance mystique s'exprimait déjà dans certains cercles talmudiques, notamment dans le traité *Haguiga* qui s'intéresse au *maassé Béréchith* « œuvre de la Création » et au *maassé Merkava* « œuvre du Char divin » (Ezéchiel, chap. I). Les premiers textes mystiques remontent aux IIIe et IVe siècles avec la littérature des « Palais » *Hékhaloth* qui mentionnent les techniques de concentration permettant les ascensions spirituelles dans les mondes supérieurs. Depuis la fin de la prophétie (destruction du premier Temple), les mystiques aspiraient à renouveler l'expérience des anciens, afin d'atteindre la jonction avec le divin. Les *Hékhaloth* constituaient le résultat de ces recherches extatiques qui devaient être connues par certains docteurs de Palestine et de Babylonie depuis Ezra, mais qui ne prirent leur forme écrite qu'au moment de la clôture du Talmud. Le plus énigmatique de ces ouvrages reste le « Mesure du corps » *Shiur kûma*, qui donne les mesures du « corps de Dieu », recueil sévèrement condamné par Maïmonide à cause de sa dérive idolâtre.

Entre le Ve et le Xe siècle, se développèrent des thèmes fondamentaux de l'ésotérisme juif, tels que la transmigration et la réincarnation des âmes ou l'utilisation des noms divins à des fins théurgiques.

---

79. *Pchat* = sens littéral, *rémez* = sens allusif, *drach* = sens philosophique, *sod* = sens secret. En prenant les initiales de ces quatre mots hébraïques nous obtenons l'anagramme *Pardès* = Jardin, qui est l'origine étymologique de « Paradis ».

Au XIIe siècle, le « Piétisme allemand », *Hassidisme ashkénaze*, d'inspiration mystique vit le jour, qui, suite aux questions théologiques posées par les Croisades, proposa une doctrine de la « Gloire divine », puissance spirituelle intermédiaire, permettant de rendre compte de la prophétie et de l'efficacité de la prière, Dieu restant définitivement inaccessible. Sur le plan littéraire, cette école produisit un livre éthico-mystique : le « Livre des Pieux » (*Sefer Hassidim*), rédigé en grande partie par Juda le Pieux (1146-1217). À la même époque, le sud de la France connut ses premiers ouvrages de Kabbale *stricto sensu* et notamment le « Livre de la Clarté » (*Sefer Ha-Bahir*), rédigé entre 1150 et 1200. Cet ouvrage est le plus ancien qui présente le système des dix hypostases divines ou arbre des *séfiroth* (saphirs ou sphères). Ce livre, par les thèmes abordés et son mode d'écriture marque le passage de la Kabbale extatique à la Kabbale théosophique qui abordait, dans son propre langage, les questions fondamentales du Mal, du rôle d'Israël dans l'Histoire, le rapport Dieu- monde. Parmi les précurseurs de cette Kabbale, citons Abraham ben David de Posquières (1125-1198) et surtout son fils Isaac l'Aveugle (1165-1235) qui utilise pour la première fois l'expression *Ein-Sof* (l'In-Fini) pour désigner l'essence insondable de Dieu. De Provence et du Languedoc, le phénomène essaima vers l'Espagne catalane.

Là, la Kabbale devint le grand tournant de la pensée juive, grâce à un personnage clef de sa propagation : Moïse ben Chemtov de Léon (capitale du royaume de Léon en Espagne). Né en 1240, il commença une existence malheureuse et fort agitée, qui l'amena à se déplacer sans arrêt, et à vivre de sa plume dans plusieurs villes d'Espagne, avant de s'éteindre en 1305. Après avoir consacré sa jeunesse à la poésie et à la philosophie, il s'attacha à la fin de ses jours à l'étude des secrets, et se rendit célèbre par la publication du *Zohar*, la production la plus importante et la plus volumineuse de la Kabbale, au point que l'ouvrage fut surnommé : « le Talmud de la Kabbale ».

Le *Zohar* est un commentaire de type midrashique sur le Pentateuque, qui interprète également de nombreux passages des

Prophètes et des Hagiographes. Le livre de la *Splendeur* se compose de trois grandes parties, divisées en dix-neuf livres, notamment : « le Livre des secrets », les « Grande et Petite *Idroth* (*chambres*) », le « Berger fidèle », les « Palais », le « Midrash occulte » et un commentaire du Cantique des cantiques. Les kabbalistes attribuent l'ensemble de l'ouvrage à rabbi Simon ben Yohaï (IIe siècle ap. J.-C.). En fait, la critique scientifique, surtout depuis les travaux de Scholem, a démontré que le « Midrash occulte » et le *Zohar* proprement dit furent l'œuvre de Moïse de Léon lui-même, le reste étant de la main d'un auteur postérieur, disciple ou en tout cas de la mouvance du premier. Cela ne signifie pas que ce génial ouvrage ne contienne pas un bon nombre de documents anciens et de *midrashim* que nous ne possédons plus aujourd'hui. Moïse de Léon fut en fait un digne héritier, un génial compilateur qui sut par sa poétique et son immense érudition donner forme au *Zohar* qui allait changer radicalement le visage de la pensée juive. À partir de ce nouvel essor, les futurs penseurs ne devaient plus se situer pour ou contre Maïmonide, mais pour ou contre la Kabbale, bien que le combat entre philosophie et mysticisme dura encore jusqu'à l'expulsion de la péninsule ibérique.

Si elle fut l'héritage de quelques initiés à ses débuts, à partir du XVIe siècle, la Kabbale devint très vite populaire tant dans le monde ashkénaze que séfarade. Le rationalisme de Maïmonide fut balayé par cette nouvelle vague déferlante, qui tirait sa force de sa réaction à la pensée judéo-grecque. Etait-ce une bonne chose ? Si la ferveur religieuse, et notamment la prière y gagnèrent, certains principes de la foi monothéiste furent affectés. Le rigorisme des rationalistes constituait pourtant un garde-fou contre les dérives magiques et les anthropomorphismes qui furent accentués dans les textes mystiques. De plus, la Kabbale ouvrit la porte aux superstitions, aux discours démonologiques, à la littérature des amulettes, du mauvais œil et des exorcismes, tout ce qu'avaient combattu Maïmonide et les prophètes avant lui. Tout se passa comme si la masse était en attente d'une parole qui lui permettrait de donner libre court à ses craintes, ses peurs et ses fantasmes.

Comme dit le Talmud[80] : « Il n'est pas une génération qui ne porte la faute du veau d'or ». N'oublions pas que ce mysticisme fut à l'origine de l'hérésie sabbatéenne, qui porta l'estocade aux communautés séfarades déjà bien affaiblies par l'expulsion d'Espagne.

Sous l'angle méthodologique, la Kabbale s'apparente à la démarche rationaliste. Comme elle, elle fonctionne sur le mode allégorique, mais s'en distingue par ses tendances et ses procédés. Tantôt elle trouve dans la Bible des allusions à des réalités spirituelles ou des données spéculatives, comme l'avait fait Philon d'Alexandrie, tantôt elle reconnaît dans des personnages anciens ou des événements, une préfiguration de l'avenir, lecture qui fut adoptée par les Apôtres et les Pères de l'Église. La valeur positive de la Kabbale se trouve néanmoins dans son apport doctrinal quand elle aborde les questions fondamentales du Mal, de la souffrance, de l'exil d'Israël, du sens de l'Histoire. C'est quand elle devient pensée rigoureuse, s'approchant par certains côtés d'une philosophie existentielle ou psychanalytique qu'elle est la plus authentiquement juive.

15- Nahmanide

Né à Gérone en 1194, en Catalogne, aïeul maternel de Gersonide, et issu d'un milieu de grands lettrés, il continua sur les traces de ses prédécesseurs, en les dépassant par son érudition. À l'âge adulte, il s'adonna avec passion à l'étude de la Kabbale, tout en approfondissant ses connaissances en médecine et en philosophie, se distinguant comme brillant talmudiste et remarquable exégète.

Nahmanide resta célèbre également pour avoir soutenu à Barcelone, en 1263, une disputation contre le dominicain Fra Paolo, en présence du roi d'Aragon Jacques Ier. Cette polémique fit profonde impression sur le souverain qui témoigna sa satisfaction à l'auteur par un présent considérable. Mais par crainte de représailles de la part de l'Église, Nahmanide quitte l'Espagne

80. Talmud de Jérusalem – Jeûne – *Taanith* IV,5.

pour la Palestine. Arrivé à Jérusalem en 1267, il y fonde et dirige une école religieuse, avant d'aller finir ses jours à Saint Jean d'Acre vers 1270.

Parmi ses différents travaux, citons son commentaire de la Torah, où il tente une présentation harmonieuse à deux niveaux entre le sens rationnel naturel et le sens mystique qu'il révèle par allusion, la doctrine ésotérique étant à son époque toujours réservée à quelques initiés. L'appui d'un tel docteur et la manière pudique dont il introduisit des éléments de Kabbale multiplièrent les partisans de cette tendance, et son influence contrebalança celle de Maïmonide.

Parmi ses élèves avançons le nom de Bahya ben Acher (*Rabbénou Béhayé*), chef de la communauté de Saragosse qui termina en 1291 un grand commentaire sur le Pentateuque. Bien que l'auteur propose en introduction de faire la part égale à la grammaire, à la philosophie, au Midrash et à la Kabbale, ce sont les deux derniers points qui recevront l'honneur de sa plume. L'on sent à travers ce livre, l'engouement de l'époque pour l'homilétique et la mystique.

16- Abraham Aboulafia

Un mystique tentera une synthèse entre les courants rationnel et kabbaliste : Abraham Aboulafia (1240-après 1291). Personnage hors norme, curieux de tout, grand voyageur, habité par une ferveur messianique, il commença par étudier le *Guides des égarés* et eut l'intime conviction que derrière ce discours aristotélicien se cachait un sens secret, voire que Maïmonide fut un kabbaliste caché.

Mais ce fut dans le domaine de la prière qu'Aboulafia se distingua. S'appuyant sur un livre kabbaliste du ve siècle, le « livre de la formation » (*sefer yétsira*), il annonçait qu'en se concentrant sur les lettres des noms divins, en particulier le Tétragramme, il était possible de purifier son esprit et de permettre une élévation vers les mondes supérieurs. Notre auteur insistait particulièrement sur le « dénouage de l'âme », car ce qui empêchait l'illumination étaient les « nœuds » ou les effets trompeurs des apparences. La « science de la combinaison des lettres » permettait selon lui d'accéder à une véritable maîtrise de soi, de ses pensées et de son corps, et de contempler les vérités de l'Être éternel.

Son disciple Joseph Gicatilia (1248-1325) auteur des *Portes de la Lumière* et d'autres ouvrages mystiques, révéré comme grand kabbaliste et thaumaturge, suivit l'exemple d'Aboulafia. Il ne percevait du texte biblique que sa forme scripturaire et matérielle, à partir de laquelle il proposait une interprétation heureuse et originale à partir des combinaisons de lettres et des points-voyelles. Cette méthodologie fut reprise par son contemporain Jacob ben Acher dit *Baal Hatourim* qui ne tirait du verset que des valeurs numériques ou des initiales.

17- Le Méiri

Entre la tendance spéculative qui entendait la Bible comme un « super livre philosophique » et celle du mysticisme qui n'y voyait qu'un « super livre ésotérique », un système modérateur, plus proche de l'hébraïsme antique, se fraya le chemin, harmonisant une exégèse rationnelle rassurante à une foi sincère et solide. Ici science et croyance ne s'opposaient nullement, au contraire, telles deux sœurs inséparables par leur amour, elles avançaient ensemble pour annoncer la bonne nouvelle de la réconciliation.

Parmi ces sages de la voie moyenne, citons le maître provençal Ménahem ben Salomon Méiri (dit Vidal Salomon). Né à Perpignan en 1249, il fut un élève brillant et un talmudiste zélé, tout en montrant une curiosité insatiable aux sciences du monde. Ses commentaires sur les Proverbes et sur le traité des *Pères* furent souvent réimprimés, tant la limpidité de son discours séduisit le public.

Chez Ménahem, le sens naturel de l'Écriture précédait tout autre approche. Comme Maïmonide, il tenta d'accorder certains textes du Midrash avec la raison, sans tomber dans l'extravagance imaginative. Il s'éleva avec fermeté contre l'astrologie, les formules magiques tirées des versets bibliques, l'utilisation des amulettes ou la croyance à la démonologie, tout en s'en prenant aux tenants d'un rationalisme froid et sans ferveur.

18- Joseph ben Kaspi

Joseph ben Kaspi vit le jour vers 1279 dans le Languedoc. Expulsé de France, comme ses coreligionnaires, en 1306, il voyagea beaucoup pour parfaire ses connaissances, poussant jusqu'en Égypte afin d'y retrouver d'éventuels manuscrits de Maïmonide qu'il admirait pour sa rigueur intellectuelle. S'établissant à la fin de son long périple en Espagne, il s'attela à une activité littéraire intense (un résumé de l'*Organon* d'Aristote, deux commentaires sur les *Guide des égarés*,...). Comme Ménahem Méiri, il s'en tint au sens littéral naturel, enseignant à ses disciples que seule l'étude de la Bible dans l'hébreu originel permettait de saisir toute la portée du texte et toute la leçon du judaïsme. Il mourut en 1340.

19- Crescas

Hasdaï Crescas (1340?-1410?) qui vécut à Saragosse, s'opposa dans son *Or Adonaï* « Lumière de l'Eternel » à Aristote et donc à Maïmonide. L'originalité de son discours reposait sur la critique de l'intellectualisme maïmonidien. Pour Crescas, la connaissance rationnelle de Dieu ne pouvait constituer un idéal religieux. Combien de fils et de filles d'Israël étaient morts pour sanctifier le nom divin, sans pour autant avoir été des génies. Ainsi à la foi rationnelle, Crescas proposait l'amour actif et vivant, amour qui se traduisait par la fidélité à l'alliance du Sinaï et par la pratique des commandements.

D'autre part, notre auteur établit un distinguo entre les croyances fondamentales du judaïsme (comme l'amour de Dieu, qui n'apparaissait pas dans les treize articles de Maïmonide), les croyances véritables, dont la négation n'entraînait pas l'exclusion du judaïsme (comme la croyance dans la venue du Messie), enfin les croyances facultatives (comme croire en l'existence des démons).

Le judaïsme n'ayant jamais été dogmatique, cette remise en cause était tout à fait possible. Crescas ouvrait ainsi la voie à son disciple spirituel : Joseph Albo.

20- Joseph Albo

Né vers 1360 en Castille et décédé vers 1445, Joseph Albo rédigea le *Sefer Ikarim* ou « Livre des Principes » qui réduisait à trois les piliers de la foi mosaïque : L'existence de Dieu, la révélation prophétique et la rétribution des bonnes actions. Sans nier l'autorité de Maïmonide, Albo s'efforça de trouver une classification plus didactique. À ces trois principes, il ajouta la Création *ex nihilo*, la supériorité prophétique de Moïse, l'immutabilité de la Torah ou tout au moins du Décalogue, l'efficacité de l'accomplissement des commandements pour acquérir le salut éternel, la croyance dans la venue du Messie et la résurrection des morts.

21- La fin du XVe siècle

Citons pour la fin du XVe siècle, le provençal Isaac Mardochée ben Kalonymos, auteur des premières *Concordances* hébraïques de la Bible; le penseur espagnol, Joseph Yabets ben Abraham qui après avoir critiqué violemment la philosophie gréco-arabe, tenta de la réconcilier avec la Kabbale. Lui aussi proposa un triptyque de la foi : L'unité de Dieu, la providence divine, et la certitude que son unité sera reconnue un jour par le genre humain tout entier. Enfin Isaac Arama né vers 1430 à Zamora (Espagne) s'appliqua autant à l'étude du Talmud qu'à la littérature philosophique. Son *Aquédath Yitshak* « Ligature d'Isaac » témoigne de cette double culture qui sera la source de son commentaire sur le Pentateuque et sur les cinq rouleaux des Hagiographes, il y révèle sa tendance rationaliste philosophique sans jamais se départir des doctrines de la foi religieuse. Arama peut être considéré comme le dernier aristotélicien orthodoxe avant l'expulsion de 1492.

22- Abrabanel

Don Isaac Abrabanel (1437-1508) qui faisait remonter sa famille au roi David, reçut une éducation soignée tant dans les domaines religieux que profane. Adulte, il se distingua comme homme politique de talent et exégète remarquable. Conseiller durant huit ans de Ferdinand le Catholique, roi de Castille et d'Aragon, il refusa les faveurs qu'on lui offrait et préféra quitter l'Espagne avec ses frères, après l'ignoble décret de 1492. Installé à Naples, il occupa un poste important auprès du roi Ferdinand Ier, avant de mourir à Venise.

Auteur de seize ouvrages, Abrabanel reste célèbre pour son commentaire du Pentateuque et des Prophètes où, s'affranchissant des discours mystiques autant que des pures spéculations aristotéliciennes, il suit avec bonheur l'exégèse grammaticale, en essayant de découvrir la réalité historique. Par sa méthode, il fut un auteur moderne, ses « Introductions » constituant un important matériau pour une critique bienfaisante des textes.

23- Elias Lévita

Alors qu'Abrabanel servait les rois catholiques, Elias Lévita dit *Germanus* mit ses compétences au service des cardinaux et des évêques. Né en 1468 à Neustadt, en Bavière, il fut élevé à Venise et vécut en Italie, avant de rejoindre son Allemagne natale où il mourut en 1549. Lévita consacra sa vie entière à l'étude et à l'enseignement de la grammaire et de la langue hébraïques.

Contemporain de la Réforme, il contribua à la redécouverte des textes bibliques par la nouvelle Eglise naissante. De nombreux chrétiens, des princes de l'Église le sollicitèrent pour des conférences, François Ier en personne l'invita à Chambord pour entendre ses leçons d'hébreu. Parmi ses amis, il comptait le cardinal Egidius de Viterbe et le célèbre imprimeur chrétien, Daniel Bomberg, qui réalisa la première édition du Talmud, et qui reçut de la bouche de Lévita le titre de *hassid* « pieux », méritant le monde futur.

Elias Lévita écrivit plus d'une dizaine d'ouvrages sur la grammaire hébraïque, les mots irréguliers de la Bible, un dictionnaire de sept cent douze mots rabbiniques, une Concordance,…

24- Obadia Sforno

Parmi les célébrités rabbiniques d'Italie, nous citerons Obadia ben Yaakov Sforno qui naquit à Cesena vers 1470. Il fut l'un des derniers grands exégètes classiques séfarades, héritier de l'école judéo-ibérique, avant le déclin de cette forme d'étude au profit de l'analyse talmudique choyée par les écoles d'Europe de l'Est.

Obadia Sforno fut un esprit juste et fin, plein de bon sens et de mesure, tant sur le plan religieux que dans celui des sciences et de la philosophie. Médecin distingué, philologue, il commenta tout le Pentateuque et écrivit un traité de théologie, *Or Amim* (Lumière des Nations) en hébreu et en latin. Son système exégétique était fondé sur l'interprétation littérale rationnelle.

Sensible à l'Humanisme de la Renaissance, et partageant la conviction que le christianisme, coupé de sa dimension antisémite, participe de l'histoire du salut aux côtés d'Israël, il accepta de compter parmi ses disciples celui qui deviendra l'un des promoteurs des études hébraïques et grecques en Occident, le chrétien Johann Reuchlin (1455-1522). Celui-ci mérite l'éternelle reconnaissance du judaïsme, puisqu'il permit par ses efforts inlassables, de sauver du bûcher la littérature rabbinique, menacée à la fois par les médisances de Pfefferkorn, un juif apostat, par les manœuvres de l'Empereur Maximilien Ier, que par la haine fanatique des universités de France et d'Allemagne. Sforno mourut à Bologne en 1550.

25- Le Maharal de Prague

Redécouvert en France par André Néher, le Maharal de Prague reste un penseur puissant qui proposa une lecture originale de l'Histoire juive, dans la continuité de la pensée de Juda Halévi. Né à Worms en 1512, Juda ben Betsalel Loew fut un talmudiste et un mystique. Après avoir étudié en Pologne, il devint rabbin de Prague de 1573 à sa mort en 1609. Il publia en œuvre de vieillesse une série d'ouvrages pour commenter les grandes fêtes du calendrier juif, ainsi qu'un imposant commentaire du traité éthique « Pères ». Dans son travail il se montre un fin pédagogue, un humaniste sincère, un homme de foi et de science, allant jusqu'à critiquer la méthodologie de la casuistique talmudique quand elle devient pure gymnastique intellectuelle. Au Maharal est attachée la figure du Golem, cet être d'argile qu'il aurait fabriqué selon la légende pour défendre le ghetto de Prague.

26- Joseph Caro et Moché Isserlès

Rescapé de l'Inquisition, puis installé à Safed, Joseph Caro (1488-1575) est la pierre angulaire du judaïsme. C'est lui en effet qui rédigea l'ouvrage qui allait unifier tout le monde séfarade, bien mal en point après la tragédie espagnole, la « Table dressée », le *Choulkhan aroukh*. Cette œuvre en quatre tomes était beaucoup plus réduite que le travail de Maïmonide et plus abordable pour le fidèle moyen. Parallèlement, en Pologne un autre érudit de renom Moché Isserlès (1525 ?-1572) réalisa le même travail de synthèse pour les communautés ashkénazes. Ayant reçu le livre de Joseph Caro, l'histoire raconte que Moché Isserlès brûla son travail par humilité. Il annota simplement la « Table dressée » et nomma son commentaire : « La nappe ». Depuis, les communautés occidentales ou orientales se réfèrent à ces deux maîtres pour connaître le rite, la *halakha*.

27- Isaac Louria

Parmi les grands maîtres mystiques de Safed, Isaac Louria (1534-1572) occupe une place de choix. Son originalité fut de proposer une lecture mystique de l'Histoire qui s'articulait autour de trois étapes liées à la Création. La « Rétraction » (*Tsimtsoum*) de l'Être divin qui permit l'apparition de l'espace vide du monde, la « Brisure des vases », résultat de l'incapacité des réceptables de vie à recevoir la lumière divine, cet éclatement produisit des étincelles de sainteté qui se répandirent dans le monde, enfin la « Réparation » (*Tikoun*) qui consiste depuis pour Israël à aller chercher, par la pratique des *mitsvoth*, ces débris spirituels afin de les ramener à leur source divine. Dès lors, l'exil d'Israël n'avait d'autre finalité que cette « réparation ».

Selon Scholem, le développement de la pensée mystique puisa sa force dans l'événement de l'expulsion d'Espagne. Pour les kabbalistes, cette nouvelle dispersion signifiait que les « étincelles de sainteté » s'étaient de nouveau éparpillées, et que les juifs devaient pieusement les recueillir par la ferveur de la prière, la pratique soutenue de l'étude et l'accomplissement désintéressé des commandements, et ce afin d'activer la venue du Messie.

Ainsi après le Talmud, la Kabbale, qui représentait elle aussi une pure production juive, proposait une lecture cohérente de l'Histoire. Bien qu'hermétique, cette lecture évitait de prendre les risques d'une confrontation avec la science ou avec la philosophie, confrontation qui aurait pu entraîner un affaiblissement de la foi et de la pratique. La démarche maïmonidienne semblait battue en brèche.

28- Moïse Mendelssohn

Les choses auraient pu en rester là, si le XVIIIe siècle n'avait vu émerger une nouvelle philosophie, celle des Lumières qui déclara la guerre aux préjugés et qui combattit le fanatisme religieux, prônant une large tolérance envers les minorités ethniques, et en particulier envers les juifs. C'est au cœur de ce mouvement que naquit celui qui allait être considéré comme un nouveau Maïmonide : Moïse Mendelssohn (1729-1786).

Mendelssohn qui avait déjà étudié toute la Bible, s'essaya à l'âge de dix ans à la poésie hébraïque. Son maître en Talmud fut le grand érudit David Frankel, rabbin de Dessau. Encore adolescent, le jeune Moïse étudia avec passion le *Guide des égarés* de Maïmonide, qui devait avoir une influence salutaire sur le jeune homme. La pauvreté de son père l'obligea à aller étudier seul à Berlin, les langues (le latin, le français et l'anglais), les sciences profanes (notamment les mathématiques) et la littérature allemande avec son ami Lessing, études entreprises d'abord en secret pour ne pas froisser les préjugés de son époque. Jaloux d'un tel esprit, le théologien suisse Johann Kaspar Lavater usa de tous les arguments pour convertir ce génie au christianisme, mais

Mendelssohn refusa, restant un croyant fidèle et un pratiquant sans ombre. C'est en réaction à une telle attitude que Mendelssohn publia son œuvre.

Pour notre propos, nous retiendrons son *Phédon*, dialogues sur l'immortalité de l'âme, dans la pure dialectique platonicienne, et surtout son *Jérusalem* dans lequel il affirmait que le mosaïsme est « une législation révélée » qui excluait tout esprit dogmatique.

Ce qui lui attira sans doute quelques inimitiés de la part de la Synagogue fut son ouverture aux autres religions et son opposition à la violence et à la coercition biblique ou rabbinique. En situant l'écriture de la Bible dans le contexte antique, et considérant que la conscience humaine s'acheminait vers plus de tolérance, la foi s'épurant de la superstition, de l'idolâtrie et de la pensée irrationnelle, Mendelssohn ouvrit néanmoins la porte à une certaine critique des textes fondateurs, critique que ne pouvait accepter l'orthodoxie pure et dure, pour qui la Révélation était une donnée permanente, au-dessus du temps et de l'Histoire. On lui reprocha d'être à l'origine de la Réforme nommée *Haskala* (mouvement des Lumières) et du schisme qui s'ensuivit, et l'on avança comme preuve de son échec la conversion au christianisme de son propre petit-fils, le célèbre compositeur Felix Mendelssohn-Bartholdy.

Il nous semble que de tels propos sont par trop sévères et trop partiaux. L'objet de Mendelssohn, et de l'école qu'il inaugurait, n'était point d'affaiblir le judaïsme mais au contraire, à l'instar de Maïmonide en son temps, de lui donner les moyens de s'aligner face aux grandes idées de la philosophie et de la science qui allaient se développer. La sortie du ghetto et l'émancipation de ses frères qu'il défendit avec tant de vigueur, n'impliquaient pas l'abandon de la Synagogue. Toute son œuvre et son propre exemple démontrent que sa seule visée était de saisir l'essence de la foi hébraïque. Dans son introduction au Pentateuque ou dans son *Biour* « Explication », il ne fait que suivre le sens littéral mettant à profit les enseignements de commentateurs comme Rachi, Rachbam, Nahmanide ou Ibn Ezra, maîtres incontestés de la tradition, suscitant chez son lectorat le désir d'une connaissance de l'hébreu, l'éveil d'une piété éclairée et le goût d'une saine exégèse.

Certes cette confrontation avec le monde séculier était un risque, mais le Talmud ne raconte-t-il pas que les enfants de grands hommes pieux commirent eux aussi des fautes et non des moindres ? Au XIXe et au XXe siècle des enfants issus des *yéchivoth* et de milieux très orthodoxes cherchèrent le Messie dans l'idéologie socialiste ou le sionisme laïc, rompant définitivement avec la Synagogue. Pour Mendelssohn qui était conscient de l'enjeu de son discours, enfermer le judaïsme dans un univers clos, signifiait réduire le message du Sinaï à un discours insignifiant, à un verbiage sans portée universelle, à une dialectique rituelle monotone, et cela lui était insupportable.

29- La Haskala

La Haskala, mouvement des Lumières juif, fut d'abord un mouvement laïc ashkénaze dans la mesure où cette philosophie n'avait pas ou peu pénétré à cette époque les communautés orientales. Alors que Mendelssohn avait proposé une noble critique des formes anciennes de la religion, pour mieux asseoir l'identité juive en harmonie avec le monde séculier, sans jamais remettre en cause le rite, certains penseurs de la nouvelle génération, tout en se référant au maître berlinois, remirent malheureusement en cause les fondements de la pratique juive. La cassure communautaire était inévitable. Dans un premier temps, la Haskala préconisa une sortie du ghetto et un engagement civil total. Elle mit l'accent sur la connaissance de la langue du pays, de sa littérature et de sa culture, mais s'engagea aussi dans une redécouverte de l'hébreu, afin d'élaborer une nouvelle littérature juive. En 1783, de jeunes intellectuels séduits par ce nouvel esprit créèrent un bulletin de liaison le *Méassef* ou « Le Rassembleur », dans lequel ils développèrent leurs propres conceptions du judaïsme.

Soulignons que cette génération ne fut pas une génération spontanée. Elle était issue du ghetto, avait fréquenté les écoles talmudiques, certains de leurs membres étaient des fils de rabbins, d'érudits ou de docteurs de la loi. Ce phénomène se reproduira plus tard au XIXe ou au XXe siècle en Pologne ou en Russie quand les enfants des académies talmudiques coupèrent les ponts avec la tradition religieuse pour choisir le socialisme ou le combat sioniste. Ce conflit que nous qualifierons de « conflit de générations » fut une constante de l'histoire juive, et c'est sans doute à ce conflit que deux mille cinq cents ans plus tôt, Malachie, le dernier prophète faisait allusion dans ses derniers oracles.

Grâce à de grands intellectuels comme Naphtali Herz Wessaly (1725-1805), ami intime de Mendelssohn ou Nahman Krochmal (1785-1840) auteur du *Guide des égarés du temps présent* qui exposait les théories d'une nouvelle éducation juive, ce mouvement connut un bel essor, et très vite la Russie prit le pas sur l'Allemagne. Le premier roman en hébreu parut sous la plume d'Abraham Mapu (1808-1867) *Amour de Sion*, tandis que Kalman Schulman proposait une traduction des *Mystères de Paris* d'Eugène Sue. La presse juive fut très active pour défendre les idéaux du mouvement, citons *Le Conteur* (1856-1886) ou *L'Interprète* (1860-1903). Plus tard, afin de toucher la masse populaire qui ne parlait pas l'hébreu, on vit apparaître une littérature en yiddish (judéo-allemande).

Vers la fin du XIXe siècle, le monde séfarade fut à son tour touché par la Haskala. Dans les Balkans, elle suscita un renouveau de la littérature judéo-espagnole à travers des *maskilim* (penseurs éclairés) comme Juda Néhama (1825-1899) de Salonique. Des journalistes, des savants, des orientalistes adhérèrent au mouvement. L'Afrique du Nord connut son heure de gloire inaugurant une littérature judéo-arabe. Les poètes David Elkaïm de Mogador (1857-1940) ou Isaac Morali (1867-1952) furent les plus célèbres.

Est-ce à dire que ce mouvement toucha toute la communauté ? Non, en fait, seule l'élite intellectuelle qui avait accès à la culture profane et juive, sensible à l'art, au mouvement des idées pouvait être attirée par un tel discours. Bien que tous ces hommes et ces femmes ne prônèrent pas une assimilation pure et simple, mais une adaptation de la judéité plutôt que du judaïsme sur le plan social, la masse resta fidèle aux traditions ancestrales et aux rabbins.

30- Le Hassidisme

Le Hassidisme ou « mouvement de charité » vit le jour à l'ouest de l'Ukraine en Podolie, grâce à une personnalité charismatique et un grand mystique, rabbi Israël ben Eliézer (1700-1760) surnommé « le Maître du bon Nom » (le *Baal Chem tov*). On peut expliquer la naissance de ce phénomène, le dernier de cette ampleur avant le sionisme, par les conditions économiques désastreuses et la haine antisémite que connaissaient les communautés juives au XVIIIe siècle dans ces régions. À ces conditions de vie déplorables, il faut ajouter la rupture sociale établie entre l'élite intellectuelle juive orthodoxe qui avait accès aux textes talmudiques, et dont le chef de file était le brillant rabbi Eliahou dit Gaon de Vilna (Vilnius) dont nous parlerons plus loin, et la masse prolétaire qui souffrait autant de pauvreté matérielle que d'indigence spirituelle.

Le Hassidisme, toujours vivace est un mouvement mystique, qui puise sa force dans la tradition kabbaliste, surtout celle de Safed. À l'instar d'autres courants du même type, il aspire à la fin de l'exil et à la rédemption finale. Mais cette rédemption cosmique doit passer par la libération spirituelle de chaque homme, comme si chacun était son propre Messie. Pour le Hassidisme, seul Israël peut vraiment réaliser ce travail intérieur par la pratique des *mitsvoth* ce qui aura pour effet d'agir sur la divinité et de délivrer la *Shékhina*, « Présence » divine de son exil.

L'aspect particulier du mouvement est la place octroyée à la *dévékouth*, l'union mystique avec Dieu. Celui qui atteint ce stade est un vrai Juste, un *Tsadik*. D'où la centralité occupée par le Rabbi ou *Rebbe* (le Maître) qui est celui qui a atteint cet état de jonction.

Les premiers disciples du Baal Chem Tov qui créèrent leur propre école de pensée, en fonction de leur personnalité, furent vénérés comme jamais des rabbins le furent dans toute l'histoire juive. Toute la vie du fidèle, le *hassid*, dépend directement de la bénédiction, de l'enseignement et des conseils que ces maîtres thaumaturges offraient à profusion. Le bon disciple était un homme qui n'avait aucune initiative personnelle, mais qui annulait son Moi devant l'autorité du Rebbe. Devant une telle ferveur, on vit se lever des cours importantes, qui engendrèrent parfois de véritables dynasties. Pour se distinguer les uns des autres, chaque chaque mouvement portait le nom des villes d'origine, comme Braslaw, Loubavitch, ou Satmar.

Le Hassidisme repose sur le service de Dieu dans la joie et dans le chant ; la tristesse étant l'expression du mal et des forces négatives. Seules l'allégresse, la musique, la danse peuvent chasser les mauvaises pensées et permettre au croyant de se purifier et de s'élever. À l'opposé de l'intellectualisme d'un Maïmonide, ou des compromis citoyens d'un Mendelssohn, le Hassidisme mit l'accent sur la spontanéité du cœur, la fidélité à la tradition, quitte à souligner la différence avec les non-juifs par son aspect vestimentaire.

Les autorités religieuses, autour du Gaon de Vilna, constatant l'ampleur du mouvement décidèrent de réagir dès 1772, en excommuniant tout bonnement les fidèles de ce qui apparaît comme une « réforme », voire une hérésie. Les « opposants » furent nommés *mitnaguédim*. Ce mysticisme populaire, la crainte d'un nouveau sabbatéisme, la place trop importante de la ferveur émotionnelle face à l'étude, la recherche effrénée de l'extase souvent alimentée par la liqueur locale : la vodka, justifièrent cette décision radicale. Seuls la mort du Gaon de Vilna et le développement de la Haskala, reconnu comme ennemi commun, calmèrent les ardeurs de la violence verbale ou physique, sans pour autant réconcilier les esprits. (Et l'on peut dire que dans notre temps contemporain, l'indifférence surpasse toujours la convivialité).

Le grand apport du Hassidisme est sa littérature (la *Hassidouth*) et sa manière originale d'interpréter les textes bibliques, sur le plan allégorique et homilétique. Alors que la kabbale louriatique restait un langage hermétique pour spécialistes, la *Hassidouth*, tout en puisant aux mêmes sources, traduisit des concepts complexes dans un langage simple pour la vie quotidienne. Ici, point de haute philosophie aristotélicienne, mais des paroles qui touchaient l'âme et qui réveillaient la ferveur. Le Hassidisme n'aurait certainement pas connu un tel succès sans ses contes et ses anecdotes savoureuses qui, tout en étant colorés par la ferveur populaire, véhiculent un enseignement pragmatique.

« Rabbi Zoussia et rabbi Elimélekh se trouvaient dans une auberge au milieu de deux groupes de *hassidim*, chacun vantant les mérites de son *Rebbe*. Les jeunes gens en seraient arrivés aux mains si l'aubergiste n'était pas venu avec le repas. Aussitôt tous les *hassidim* d'une même voix demandèrent : "Qui a abattu rituellement la bête ? A-t-elle été préparée conformément aux rites alimentaires ? La séparation du lait et de la viande a-t-elle été correctement respectée ?" Rabbi Zoussia se leva alors et dit : "*Hassidim*, si vous étiez aussi scrupuleux pour ce qui sort de votre bouche comme pour ce qui y entre, le Messie serait déjà venu !" ».

Parmi les nombreux maîtres de ce mouvement citons : rabbi Lévi Itshak de Berditchev (1740-1809) connu pour avoir été un avocat intraitable d'Israël auprès de Dieu, ou rabbi Nahman de Braslaw (1772-1811) petit-fils du Baal Chem Tov qui par sa pensée originale et ses célèbres contes peut être qualifié de « mystique psychanalytique ». Des auteurs comme Martin Buber, Isaac Bashévis Singer ou Elie Wiesel doivent beaucoup à la spiritualité du Hassidisme.

La tendance hassidique la plus connue, est sans nul doute la tendance Loubavitch très importante et très active aux États-Unis et en Israël qui, sous la conduite de rabbi Menahem Mendel Schneersohn (1902-1994) de Brooklyn, a transformé le Hassidisme classique en phénomène *médiatique*, utilisant toute la panoplie de la modernité pour ramener les juifs égarés vers le judaïsme. Cette tendance dévia vers la fin de la vie du vieillard, quand il affirma qu'il était le Messie.

31- Le judaïsme réformé

Issu de la Haskala, le mouvement religieux de la Réforme remit en cause les grands principes de la pratique pharisienne, et s'en prit au pouvoir rabbinique en place. Alors que le monde orthodoxe affirmait que la loi orale et le rite étaient immuables, et que ce qu'établirent les premiers talmudistes, même par raisonnement, se situait dans la logique de la révélation sinaïtique, les réformés considéraient que la Révélation était évolutive et qu'il fallait adapter la loi aux nouvelles donnes de la modernité. Pour le dire autrement : l'orthodoxie affirmait que si Dieu devait se révéler de nouveau Il donnerait la même Torah, alors que la Réforme affirmait qu'elle véhiculerait sans doute les mêmes principes éthiques, mais que sur le plan rituel les lois seraient différentes.

Le principal artisan de cette nouvelle idéologie fut Abraham Geiger (1810-1874). Parti d'Allemagne, le mouvement toucha rapidement l'ensemble de l'Europe ainsi que les États-Unis. Au départ, le judaïsme réformé opta pour une réadaptation radicale du culte : déplacement du Chabath au dimanche, abandon de l'hébreu pour la langue vernaculaire du pays, suppression des mentions du retour à Sion, introduction de l'orgue pour les offices. Mais au cours du XXe siècle, surtout avec la naissance de l'État d'Israël, il révisa ses positions, tout en maintenant ses principes de base.

Quantitativement, le judaïsme réformé, toutes tendances confondues, est plus important aux États-Unis que le mouvement orthodoxe. En France, l'Union Libérale de France a vu le jour en 1907 avec l'inauguration de sa synagogue rue Copernic à Paris. En 1977, une scission engendra le Mouvement Juif Libéral de France (MJLF) rue Gaston de Caillavet à Paris également. Quelques années après, une femme rabbin, Pauline Bebe, ouvrit sa propre communauté dans la Capitale. Depuis une vingtaine d'années, ce mouvement essaye d'essaimer dans les grandes villes de province, car son discours séduit certains juifs.

Ajoutons à ce tableau, une nouvelle tendance, fraîchement venue des États-Unis qui se situe entre l'Orthodoxie et la Réforme : le mouvement Massorti (Tradionaliste), qui tente de se frayer un chemin pour attirer de nouveaux fidèles insatisfaits par les deux premières obédiences.

32- La tendance lithuanienne

Le Gaon Eliahou de Vilna (1720-1797) qui s'opposa violemment au Hassidisme, fut à l'origine du mouvement orthodoxe lituanien centré sur la *Yéchiva* ou Académie talmudique. Contrairement aux écoles espagnoles qui associaient naturellement étude profane et étude religieuse, ce mouvement, en réaction à la Haskala, se concentra essentiellement sur le Talmud. La *Yéchiva* la plus célèbre fut celle de Volozhin qui fut dirigée par son disciple, Haïm ben Isaac. En fait, l'enseignement était basé sur deux piliers : l'approfondissement talmudique (méthode du pilpoul) et l'éthique juive ou moussar, qui fut surtout développée par le rabbin Israël Salanter (1810-1883). Ainsi au perfectionnement intellectuel était associé le perfectionnement moral. Ce judaïsme est aujourd'hui vécu dans les milieux piétistes de Bné Brak, près de Tel-Aviv en Israël.

33- La néo-orthodoxie

En réaction à la Réforme qui avait rompu les liens avec le rite, le XIXe siècle sera marqué par une réaction en force, celle de la néo-orthodoxie allemande. Le chef de file de cette opposition fut le rabbin Samson Raphaël Hirsch (1808-1888). Loin d'être un fanatique obscur, le rabbin Hirsch fut un esprit éclairé. L'essence de sa doctrine peut se résumer par la formule talmudique *Torah im derekh érets*, entendue généralement comme « l'Étude de la Torah doit s'accompagner des bonnes manières », qui fut interprété comme l'association de la Torah à la culture ambiante, ici la culture occidentale.

Hirsch reste dans la mémoire juive un homme exemplaire, tant dans le domaine des connaissances bibliques et talmudiques que dans le domaine des sciences qu'il étudie à l'Université. Bien que fortement attaché à la pratique religieuse selon les normes de la *halakha*, il se rendit compte néanmoins que le judaïsme ne pouvait s'enfermer sur lui-même et qu'il devait s'ouvrir à la société séculière. Il renouait ainsi avec son prédécesseur Moïse Mendelssohn. Notre auteur défendit la culture allemande, développa dans ses sermons les sentiments patriotiques, tout en spécifiant la mission sacerdotale d'Israël au milieu des nations. Il opta pour l'abandon des vêtements du ghetto et choisit l'habit moderne. Il se fit également le noble défenseur de la condition féminine.

Comme le Moïse berlinois, il composa un commentaire de la Bible dans lequel il accorda une grande place à l'analyse grammaticale et sémiologique. Son commentaire reste d'une grande actualité. Malheureusement, la grande masse des fidèles ne comprit pas sa position, et une fois de plus le mouvement resta élitiste.

Dans cette mouvance, nous pouvons également citer le rabbin d'origine volhynienne, Méir Leib ben Yéhiel Michaël dit Malbim (1809-1879), qui fut travaillé par les mêmes préoccupations, et qui produisit un excellent commentaire de la Bible.

34- Le sionisme

Que mes amis lecteurs ne s'étonnent pas de l'écriture de ce chapitre, alors que nous traitons de la religion, car nous n'aborderons pas le sionisme sur le plan politique (quoiqu'il soit difficile d'éviter cet aspect des choses), mais sur le plan religieux. Il s'agit de montrer qu'il est impossible d'amputer la foi juive de la centralité de la terre d'Israël et de la ville de Jérusalem. Le mouvement politique du retour à Sion, quelles qu'aient été ses motivations propres, a puisé sa dynamique d'abord dans une espérance qui a surgi après la destruction du Temple, espérance qui trouve ses racines dans le discours des prophètes.

Le « sionisme », de la racine Sion (montagne du Temple de Jérusalem), désigne l'aspiration du peuple juif à retourner sur sa terre ancestrale, celle promise dans la Bible aux descendants des Patriarches. En unifiant les tribus, David fit de Jérusalem la capitale de la royauté judéenne. Après la destruction du premier Temple, les exilés murmuraient : « Sur les rives de Babylone, là nous étions assis et nous pleurions en nous souvenant de Sion. Comment chanterions-nous un chant de l'Eternel en terre étrangère ? Si je t'oublie Jérusalem que ma main droite m'oublie, que ma langue se colle à mon palais, si je ne fais de Jérusalem le sommet de ma joie. » (Ps. CXXXVII 1 à 6).

Pourtant, lorsque Cyrus autorise les Judéens à retourner dans leur pays (vers -530), pour reconstruire le second sanctuaire, seule une partie de la communauté suit Ezra. C'est là un paradoxe de l'identité juive : l'aspiration à une normalité nationale et l'amour de la terre d'accueil. On peut expliquer ce schisme par le fait que l'installation matérielle l'emporta sur l'aspiration du retour, et que l'attente messianique devint l'attente de l'intervention miraculeuse de Dieu pour sauver une dernière fois son peuple. C'est parce que les conditions d'une normalisation juive sur le plan politique furent rendues impossibles par la religion, un passage du Talmud interdit aux juifs de retourner en masse en Israël[81], que chaque année à Pâque le fidèle chantait : « L'an prochain à Jérusalem reconstruite », ville et Temple. Dieu avait exilé, Dieu devait ramener.

Cela ne signifie pas que des rabbins ne prirent pas leur bâton de pèlerin pour aller vivre concrètement en Palestine. Rabbi Yéhiel de Paris, un célèbre tossafiste, Juda Halévi, Nahmanide, les élèves du Gaon de Vilna ou du Baal Chem Tov montrèrent l'exemple. En fait, l'antisémitisme d'Europe de l'est (fin du XIXe siècle et début du XXe) accentua la création de colonies juives (*yichouv*), en Palestine. Devant ces tragédies, des sommités rabbiniques ashkénazes, comme Juda Alkalaï ou Tsvi Hirsch Kalicher repensèrent en termes religieux le retour du peuple juif sur sa terre.

Toute la face du judaïsme, et du monde, changera quand suite à l'Affaire Dreyfus, Théodor Herzl fera du sionisme religieux un sionisme politique. Pour lui il était urgent de résoudre le grave problème de l'antisémitisme. Le sionisme apparaissait alors comme une réponse évidente, d'autant plus que la doctrine avait fait son chemin dans les esprits depuis le réveil de la Haskala et le discours religieux du mouvement les « Amants de Sion » *Ohavé tsion*.

L'originalité de la démarche herzélienne fut d'avoir créé un véritable mouvement politique sans précédent, associant, fait remarquable, des laïcs et des religieux, des réformés et des orthodoxes, des ashkénazes et des séfarades. *De facto*, le sionisme devint un mouvement collectif de libération nationale.

Mais l'opposition ne se fit pas attendre. Les orthodoxes crièrent au blasphème. En refusant d'attendre le Messie libérateur, on

81. Talmud – Contrats – *Ketouvoth* 111b. Il est vrai que ce même passage interdit aux nations d'opprimer physiquement les juifs.

refusait le décret divin qui avait envoyé Israël en exil. Un célèbre rabbin hassidique, Yoël Tetelbaum, déclara sans détour le sionisme « œuvre de Satan », opinion aujourd'hui partagée exclusivement par les milieux ultra-orthodoxes de Méa Shéarim de Jérusalem. Les juifs assimilés tournèrent le dos au projet par reconnaissance aux nations qui les avaient émancipés. Depuis la Shoa et la proclamation de l'État d'Israël en 1948, la majorité du peuple juif se sent attaché soit par sentiment religieux, soit tout au moins par attache sentimentale à ce jeune pays, et chacun exprime dans son propre langage ses vœux pour qu'Israéliens, Palestiniens et États arabes de la région trouvent rapidement les voies d'une paix juste et durable.

troisième

partie

LES DÉFIS

Les défis

1- La question

Pour l'observateur moderne, le judaïsme, en tant que fait religieux ou mouvement humain, se présente comme un ensemble complexe. Il suffit de se pencher sur les journaux israéliens ou la presse communautaire des pays de diaspora pour se rendre compte du phénomène de complexion. Non seulement le judaïsme présente différents visages, mais ces nombreuses manières d'être juifs (ou revendiquées comme telles) sont souvent amenées à afficher leurs différences, voire leurs oppositions, quant à l'interprétation de la Bible, à l'éducation, au rapport Israël - Diaspora, au processus de paix israélo-palestinien, au rôle et au sens d'une communauté, ou au dialogue avec les autres confessions, etc.

Le dicton populaire qui annonce : « deux juifs, trois opinions » puise ses racines dans la connaissance de cette réalité sociologique, l'humour étant ici le moyen de dépasser la tension. Si bibliquement, la définition de l'Hébreu était chose simple, quoique les conflits aient été jusqu'à la rupture (royaume du Nord, royaume du Sud par exemple), et si l'exil, avec ses tensions exégétiques ne remit pas en cause la définition d'une judéité essentiellement religieuse, la rencontre avec la modernité a fait éclater cette évidence. Jamais sans doute communauté humaine n'a été autant amenée à réfléchir à sa définition identitaire. La sortie du ghetto, le sionisme, la Shoa, la proclamation de l'État d'Israël ont entraîné une revendication de reconnaissance de toutes ces identités parcellaires.

Beaucoup d'intellectuels, de chercheurs, de responsables d'institutions parlent de crise de judaïsme, comme on parle de crise de valeurs dans le monde séculier. Certains annoncent la disparition du judaïsme diasporique d'ici deux générations, d'autres diagnostiquent une rupture radicale entre laïcs et religieux en Israël. Les uns dénoncent le sectarisme outrancier des ultra-orthodoxes, les autres vitupèrent contre le laxisme libéral.

Qu'est-ce qu'une crise ? Terme d'origine médical, il signifie selon l'étymologie grecque (*krisis*) : décision. Une crise survient lorsqu'il faut décider, lorsqu'un choix doit s'opérer, lorsque plusieurs forces en présence semblent exclusives l'une de l'autre. La crise, sur le plan social ou politique, est révélatrice d'un mouvement, d'une vie, d'un trop-plein de forces perçues présentement comme incompatibles.

Sans doute la crise du judaïsme n'a jamais été aussi virulente, car jamais autant de forces revendicatrices n'ont été mises ainsi en confrontation. Il ne s'agit plus des querelles entre rationalistes et kabbalistes, de différends entre traditionalistes et réformés, d'opposition entre Hassidim et Lituaniens, d'ignorance entre laïcs et religieux ou de conflits entre pères et fils, il s'agit de tout cela simultanément, augmenté de l'épaisseur d'une mémoire et des nouvelles données sociologiques.

La question qui surgit, quand l'esprit unitaire l'emporte sur l'esprit de clan, est de savoir s'il est possible d'établir un pont de dialogue entre ces tendances. Peut-on diminuer les tensions entre un laïc de Tel-Aviv et un religieux de Jérusalem, entre un sioniste engagé et un juif installé en diaspora, entre un Loubavitch de Brooklyn et un libéral de Londres ? Ou alors, faut-il conclure que la particularité d'une religion, comme d'une philosophie, soit d'engendrer ses propres dissidents, toujours, et qu'il ne sert à rien de vouloir aller contre la nature des choses ? Combien de fois avons-nous entendu : « On ne peut être laïc et juif », « le mouvement libéral est une caricature du judaïsme » ou « je ne me reconnais pas dans l'orthodoxie ».

Et pourtant, soit par équation personnelle, soit par interprétation des textes en fidélité à mes maîtres, il me semble que l'utopie de l'unité est comme toute utopie : un idéal à réaliser. Notre hypothèse de travail sera donc de poser que tant qu'une tendance existe, tant qu'elle s'affirme en tant que telle, vivante et non agonisante, se réclamant du judaïsme, même de façon parcellaire, même si une autre tendance lui renie ce titre, tant qu'elle œuvre pour une pérennité juive, pour des valeurs juives, sans reniement, ni haine de soi, alors elle doit être considérée comme une force vive, participant à la dialectique de crise, relevant le défi de l'être juif en devenir.

Si l'homme apparut comme un « souffle vivant » (Gn. II, 7) à l'image de son Créateur, c'est que, comme Lui, il est doué de la parole qui constitue sa plus noble qualité et la plus grande grâce qui lui fut offerte après la vie elle-même. Les prophètes ont vu le monde messianique comme une ère où « le langage sera épuré » (Sophonie III, 9), une autre manière de dire que « la vie et la mort dépendent de la langue » (Prov. XVIII, 21).

2- Le dialogue inter-religieux

Depuis une dizaine d'années, l'on voit se multiplier en France des initiatives de rencontres inter-religieuses : rencontres judéo-chrétiennes d'abord, mais rencontres plus larges aussi à trois ou quatre voix avec des musulmans, et des bouddhistes. Phénomène nouveau, à la mode, dans l'air du temps ? Peut-être, mais qui répond à une demande du public. Il y a cinquante ans de telles rencontres auraient été impensables. Depuis 1945, les choses ont avancé : Jules Isaac, « Les Amitiés Judéo-Chrétiennes », Vatican II, « la Fraternité d'Abraham », Assise, « l'École laïque des religions »,...

Les bases d'un dialogue

Certains juifs orthodoxes refusent ce dialogue pour plusieurs raisons. Citons les plus fréquentes : les autres religions sont dans l'erreur, seuls les juifs détiennent la vérité ; ce dialogue ne sert à rien car chacun restera sur ses positions ; il faut s'écarter des nations et vivre à part selon Nb. XXIII, 9 ; ils veulent nous convertir et nous devons résister ; enfin l'argument mystique : les paroles de la sainteté vont tomber dans l'impureté. Puisque nous parlons de défi, il paraît important de commencer par répondre à ces arguments.

Que signifie tout d'abord qu'une religion est dans l'erreur ? Que ses prémisses sont erronées, que Jésus n'est pas le Messie, que le Coran est un faux, que le bouddhisme est une spiritualité sans Dieu ? Voilà qui est bien contraire aux principes bibliques qui affirment que chaque nation doit être fidèle à la religion de ses pères. Écoutons le prophète Michée (IV, 5) quand il dit : « Que chaque peuple marche avec son Dieu, quant à nous, nous marchons au nom de l'Eternel, notre Dieu. » Écoutons Malachie (I, 11) quand il rappelle à Israël : « Car du lever du soleil à son couchant, mon Nom est grand parmi les nations, et en tout lieu on présente l'encens fumant ». Répétons-le, le judaïsme admet la différence sur le plan dogmatique. Même s'il existe des contradictions entre deux fois, ces contradictions doivent être maintenues, car elles expriment la pluralité du monde. L'humanité est ce qu'elle est, chaque religion ou spiritualité est riche de ferveur, a soif d'absolu, a connu et connaît encore de grands maîtres, de grands sages, de grands mystiques qui appellent notre respect. La ferveur ne peut être dans l'erreur. Elle doit simplement être canalisée vers le bien, et non vers la négation de l'autre.

« Ce dialogue ne sert à rien », un tel argument prouve que l'on n'a jamais dialogué. Le propre de toute rencontre n'est-ce pas justement de s'enrichir par les différences. Si Caïn avait parlé avec Abel, lui aurait-il assené le coup fatal ? Bien sûr que le dialogue permet de rester soi-même, mais avec le plus de l'échange. Je n'ai jamais entendu qu'après une conférence des

« Amitiés judéo-chrétiennes », des juifs ou des chrétiens se soient convertis à l'autre religion. Par contre, j'ai toujours vu des hommes et des femmes qui, tout en étant heureux d'appartenir à leur Maison respective, se trouvaient heureux des propos énoncés et épanouis dans leur foi.

Quant au « vivre à part » de Nb XXIII, prononcé par Balaam, il n'a jamais été synonyme de refus de rencontrer l'autre ou construction d'une arche de Noé pour lancer : « Après moi le déluge ! » Combien de fois les rabbins du Talmud ont-ils discuté avec des païens, des Épicuriens, des idolâtres, à plus forte raison aujourd'hui quand les religieux que nous rencontrons dans ce type de dialogue sont imprégnés d'humanisme et d'un esprit de paix. Le « vivre à part » signifie garder ses valeurs, ne pas s'assimiler, jouer le défi d'être à distance de l'autre pour que le dialogue ne devienne pas syncrétique ou adjonction de discours parallèles. Il implique de garder la mémoire d'Abraham, de refuser tout compromis quand le droit et la justice sont en péril, mais il appelle aussi le face à face. Et si l'on comprend bien la leçon biblique, à savoir que quand Dieu s'adresse à Israël, Il s'adresse par ce biais à l'humanité entière, alors chaque peuple est appelé à ce « vivre à part », c'est-à-dire à être authentiquement lui-même, à développer son propre génie, sa propre culture, sa propre religion et à partager ensuite sa manière d'être, en signe de bénédiction.

La peur d'être converti ? Argument surtout avancé contre le catholicisme. Que peut-on faire contre les séquelles de l'Histoire, quand la vie des juifs dépendait d'une croix à adorer pour ne pas finir sur un bûcher ? Mais qui pratique ce dialogue, sait qu'il n'en est pas ainsi. Nous ne sommes pas là dans des sectes, ces « boîtes à conversion », ennemis communs du dialogue inter-religieux qui fonctionnent sur la répétition du même et non sur la dialectique de la différence. C'est vrai, nous ne pourrons pas échapper de temps en temps à ce genre de remarque qu'un prêtre catholique (de l'ancienne école) fit après mon intervention lors d'un colloque (propos rapportés) : « Qu'attend-il pour reconnaître Jésus ? » (remarquons que des juifs tiennent parfois le discours inverse vis-à-vis des chrétiens) ; est-ce une raison pour abandonner le défi ? Et puis ce propos est bien rare, car que recherchent les organisateurs de ces rencontres, si ce n'est justement de maintenir la spécificité de chaque intervention.

Quant à l'argument mystique, il n'a de sens que pour des (pseudo-) mystiques, mais la majorité de nos concitoyens, qu'ils soient croyants ou agnostiques, a d'abord besoin de réponses concrètes, dans un vocabulaire accessible.

En conclusion, je dirais que ce dialogue devrait aller de soi pour le judaïsme, car il s'inscrit dans la pure vocation d'Israël : être bénédiction pour toutes les familles de la terre. S'appuyant sur le verset « la voix est la voix de Jacob » (Gn. XXVII, 22), la tradition enseigne que les armes de Jacob sont la prière et l'étude. Aujourd'hui une occasion est enfin offerte à la communauté juive de faire entendre cette voix et elle la refuserait ?

Le dialogue avec le Christianisme

Le contentieux avec l'Église catholique est certes lourd. Les Croisades, l'Inquisition, les fausses accusations ou le silence suspect de Pie XII pèsent pour la conscience juive. Il est vrai également qu'un grand théologien protestant comme Karl Barth (1886-1968) affirma que le peuple juif était « une plaie sur le corps du Christ », comme il est tout aussi clair que l'Église orthodoxe, qui n'est déjà pas tendre avec les autres mouvances chrétiennes, a un grand travail à faire pour extirper ses clichés antijudaïques. Toutes ces attitudes sont condamnables, mais révèlent que les hommes sont des hommes avec leurs faiblesses, et qu'ils n'ont pas été capables (encore) de s'élever à l'esprit du monothéisme. L'éthique religieuse est un idéal à atteindre.

Sur le plan théologique, il est indéniable qu'il existe des différences de fond) ; les thèmes : liberté/responsabilité, Histoire/messianisme, faute/repentir et pardon, ou foi/loi ne sont pas abordés de la même façon dans nos deux confessions. Mais le judaïsme, qui proclame l'interdiction de se venger ou de tenir rancune, en référence à son ancêtre Abraham, l'apôtre de la Charité, peut-il rester insensible aux immenses efforts réalisés par l'Église, depuis Vatican II ? La reconnaissance du peuple d'Israël comme « frère aîné » et de l'État israélien comme réalité incontestable, la valeur permanente de la première Alliance, la redécouverte de la judéité de Jésus, la suppression de la théologie de la Substitution, le dernier voyage du Pape à Jérusalem ne sont pas pour le catholicisme de simples sautes d'humeur, mais traduisent un véritable courage d'humilité. Récemment, j'ai participé à deux rencontres des Amitiés Judéo-Chrétiennes, les thèmes étaient volontairement provocateurs : « L'Évangile de Jean conduit-il à l'antisémitisme ? », même question avec l'Évangile de Matthieu. Première réponse : oui ces Évangiles peuvent ouvrir à l'antisémitisme, deuxième réponse : non, les Apôtres parlaient d'abord à la propre conscience chrétienne[1]. Entre les deux réponses : une prise de conscience et une rencontre avec le judaïsme. Avec le protestantisme, le rapport a toujours été plus naturel, soit par l'interprétation du Livre, soit par la souffrance partagée, et la thèse de Barth n'a rien retiré aux courageux résistants de la seconde guerre, quand ils cachaient des juifs.

Notre thèse, qui est un acte de foi, sera d'affirmer que seul le dialogue, seul un temps partagé en étude, voire en prière, permettra de supprimer ces incompréhensions qui furent à l'origine de la méfiance et de la haine. Car, le juif doit aider le non-juif à effacer l'antisémitisme. Ne nous leurrons pas, il faudra du temps pour que toutes ces bonnes intentions de pionniers du dialogue deviennent des sentiments partagés par l'ensemble du monde chrétien. Mais prenons acte que de nombreux chrétiens désirent aujourd'hui revenir aux sources : à l'hébreu, à la Bible juive, à la terre d'Israël, au Midrash, connaître la pratique juive. Ne nous décourageons pas de l'homme. Le christianisme montre qu'il veut se débarrasser de ses veaux d'or, Israël, ne peut rester indifférent à cette démarche.

1. Il faut être reconnaissant aux travaux rédigés par le Père Simoens auteur de *Selon Jean*. Ed. IET. Bruxelles, et le Père Miller auteur de *Les citations d'accomplissements*, Pontifico Istituto Biblico. Rome, qui œuvrent dans le sens de cette interprétation.

Le dialogue avec l'Islam

Si en France, le dialogue avec l'Église est bien engagé, le dialogue avec la Mosquée est en bonne voie. *A priori*, cette rencontre ne devrait poser aucun problème. La communauté juive, tout en étant totalement intégrée dans la culture occidentale, est majoritairement séfarade et donc naturellement sensible à l'âme maghrébine. Au plan de la foi, le même monothéisme exigeant est proclamé, et le fait de ne pas avoir voulu se substituer à Israël permet un face à face sans ambiguïté. Nous avons vu comment les penseurs du Moyen Âge, de Saadia Gaon à Maïmonide avaient su intégrer judicieusement la philosophie du *kalam*. Cette rencontre a été possible, cela peut être encore possible ; d'autant plus que l'Occident, et la France en particulier, offrent des espaces d'échanges qu'il faut considérer comme une bénédiction.

Certes, on avance toujours le visage de l'intégrisme musulman qui menace les démocraties du monde et nie toute possibilité de dialogue. Pour cette tendance, le *djiad* est une guerre sainte, ne laissant aux membres des peuples du Livre que le statut de *dhimmis*. Quand l'ère musulmane débuta en 622, Israël vivait en l'exil, de suite le statut de *dhimmi* s'appliqua. Depuis 1948, Israël a bâti un État sur sa terre ancestrale. Pour un fondamentaliste, cette situation est problématique, car une terre « islamisée » ne peut perdre son statut (le même principe existe dans le judaïsme).

Là encore doit-on baisser les bras ? En France, toute une série d'intellectuels repensent le discours coranique en terme de modernité, d'ouverture et de tolérance, des associations se montent qui tentent de développer un dialogue entre monothéistes de bonne foi. Le *djiad* n'est plus ici conquête spatiale, mais combat spirituel pour dominer ses propres faiblesses. Quant au conflit israélo-arabe, les politiques qui ont joué la carte de la paix, ont bien compris que la région avait plus à gagner par le pacifisme, que par la guerre, où au final tout le monde serait perdant.

Si à notre sens, le défi du dialogue judéo-islamique doit aller jusqu'à la reconnaissance du mouvement national juif, sans nier le problème moral des Palestiniens, il faut bien que ce dialogue trouve un point de départ. Ce point de départ nous le trouverons dans nos textes respectifs : la Torah et le Coran, dans nos prières partagées, dans notre ancêtre commun : Abraham, et dans la redécouverte des discours prophétiques. Le Midrash rapporte qu'Isaac et Ismaël retrouveront leur fraternité devant la tombe du premier patriarche. Image impossible ? Sans l'utopie, l'Histoire ne peut s'écrire.

Les bonnes volontés existent de part et d'autre, en Israël et en dehors d'Israël, elles portent le défi d'une reformulation des concepts religieux dans un langage moderne, en proposant une éducation qui prendra au sérieux la mesure de l'enjeu.

Le dialogue avec les spiritualités extrême-orientales

Depuis une dizaine d'années, l'Occident découvre un message nouveau : l'hindouisme, et surtout le bouddhisme. Ces spiritualités semblent apporter des réponses aux questions existentielles de nos contemporains. Ici, nous entrons dans un univers mental radicalement différent de celui des monothéismes, et à peine évoqué dans les sources juives, qui ont surtout pensé le rapport aux fils d'Ismaël ou d'Esaü. Ce qui peut choquer le juif, c'est bien sûr la profusion des dieux, en même temps que l'absence d'un Dieu Créateur, un Dieu Personne. Le bouddhisme est-il une religion ou une philosophie religieuse ? La réponse n'est pas claire, et fait sourire le maître yogi ou le Bouddha lui-même. Et pourtant, le message spirituel est ici puissant, la paix, la compassion ne sont pas de vains mots. La rencontre serait là encore profitable. À l'échange intellectuel, l'on pourrait ajouter les enseignements mystiques de la Kabbale. Ces échanges permettraient de mettre en exergue les ressources peu exploitées de la méditation juive.

Ce que cherchent nos contemporains, souvent les jeunes, à travers cette voie de sagesse, c'est d'abord une sérénité, une sécurité intérieure que la vie moderne n'offre que rarement. Les religions monothéistes (judaïsme compris) sont peut-être oubliées à cause des fanatismes, des exclusions, dont ils ont été, et sont parfois encore les véhicules.

Le judaïsme a en tout cas été interpellé par le Dalaï Lama, et ceci ne peut laisser indifférent. Sa question était au fond celle-ci : « Vous, peuple d'Israël, avez connu l'exil et les souffrances, et vous avez survécu, aujourd'hui nous, peuple tibétain, vivons la même condition, quel est le secret de la survie d'une nation ? »

En conclusion

C'est en nous rencontrant que nous poserons les limites de chacun, que nous apprendrons à humaniser nos dogmes, nos croyances, à anesthésier nos haines, à comprendre que les religions sont faites pour des hommes tous différents, et que les voies du ciel sont aussi multiples que chaque visage est unique. Tant que ce dialogue sera maintenu par des croyants, animés d'un esprit humaniste et tolérant, prenant les mots dans leur sens commun, il constituera un garde-fou contre le fanatisme et l'esprit d'enfermement.

Je veux bien croire que pour relever ce défi du dialogue, il faille se fragiliser, se mettre quelque peu hors-sa-loi, hors-sa-foi, « en errance » à sa communauté d'origine, mais tel est le courage de l'humilité. Dieu et l'homme auraient à y gagner.

3- Le dialogue orthodoxes - libéraux

L'une des querelles qui agitent le monde religieux, et indirectement la communauté juive, est « l'impossible » dialogue entre orthodoxes et libéraux. Pour la clarté du propos, nous désignerons par « orthodoxes », ceux qui adhèrent à la forme pharisienne de l'interprétation des textes, et « libéraux » ceux qui remettent en cause cette approche. Nous avons affaire ici à un conflit majeur, car il touche le cœur de la foi, inséparable pour le judaïsme d'une herméneutique et d'une praxis adéquates. Qui peut interpréter et comment ? D'où vient l'autorité des maîtres, de Dieu ou des rabbins qui interprètent les textes de Dieu ? En fonction des écoles, les réponses seront évidemment différentes.

D'un certain point de vue, la tension est bien plus grande qu'avec les autres religions, car avec ces dernières la fracture est nette, alors que le monde libéral reste très proche de l'orthodoxie. Écoutons par exemple la dernière déclaration des rabbins américains de la CCAR, regroupant l'ensemble des tendances libérales (1999) : « Les rabbins libéraux reconnaissent l'existence et l'unité de Dieu, affirment que le peuple juif est lié à Dieu par l'Alliance… Nous chérissons les vérités révélées dans la Torah, Torah qui est l'expression de l'amour de Dieu pour Israël et l'humanité tout entière. Par l'étude de la Torah nous sommes appelés aux *mitsvoth*, afin de rendre notre vie sainte. Nous sommes engagés à étudier en permanence l'ensemble des *mitsvoth* et à accomplir celles qui s'adressent à l'individu ou à la collectivité. Certaines de ces *mitsvoth* sont observées de longue date par les juifs libéraux, d'autres, anciennes ou modernes, exigent un renouveau d'attention en raison du contexte unique de notre époque… Nous soulignons notre attachement à l'État d'Israël, et nous souhaitons une paix durable entre Israël et ses voisins. »

De l'identité juive

En quoi le mouvement libéral pose-t-il problème pour l'orthodoxie, alors qu'il est notoire que la majorité des juifs ne respectent pas la loi juive ? En effet, nombreuses sont les familles qui s'arrangent plus ou moins avec cette loi. Le *Choulkhan aroukh*, « la Table dressée », le livre du rituel juif se présente, c'est le cas de le dire, comme un menu où chacun se sert : qui mangera kasher à la maison, mais non dans sa vie professionnelle ; qui ira à la synagogue le Chabath, mais en voiture ; qui aura contracté un mariage mixte, mais tiendra à faire circoncire son fils… Malgré ces violations et ces paradoxes, le statut juif des « contrevenants » n'est pas retiré, pourquoi ? Car la judéité n'étant pas liée à la proclamation d'un dogme, elle dépend d'abord d'une filiation au sein d'une communauté de mémoire et de destin, qui remonte à Abraham[2]. Pour l'orthodoxie, toute la problématique soulevée par les libéraux est d'avoir « institutionnalisé » la transgression, en ayant relativisé la démarche herméneutique, et en ayant de ce

2. Seul le rejet de la foi, ouvertement annoncé devant deux témoins, mettrait le sujet hors-circuit. Et encore, le repentir serait toujours possible.

fait dépossédé la Torah de son caractère révélé (notamment, en référence à la critique biblique).

Ces tiraillements posent de sérieux problèmes de coexistence pacifique. En Israël, par exemple où le statut personnel (mariage, divorce, conversion) est géré par l'orthodoxie, cette situation engendre un langage, voire des attitudes violentes vis-à-vis des libéraux venus des États-Unis, où les mouvements réformés sont majoritaires. En France, la situation devient complexe avec des mariages, des conversions et des naissances qui ne sont pas reconnus par les rabbinats de stricte observance. Devant cette situation, comment peut-on sortir de l'impasse ? Évidemment, si l'on réfléchissait en termes de pluralisme harmonieux, la question semblerait superflue, mais le camp orthodoxe se refuse à tout contact considérant que le dialogue serait ici blasphématoire. Les libéraux seraient prêts à la rencontre, pas tant pour être reconnus, car ils ont fait la preuve qu'ils se suffisaient à eux-mêmes, mais surtout parce que la tendance s'accommode davantage des principes du dialogue, alors que l'orthodoxie est bloquée par sa dogmatique et méfiant à sortir de lui-même[3]. Il reste certain que si les choses se maintiennent ainsi, le judaïsme continuera à se fragmenter en autant de « chapelles » où chacun, en fonction de sa propre définition identitaire, se reconnaîtra du début à la fin de sa vie. Est-ce un mal ? Aux États-Unis, il n'existe plus de Communauté juive, et chacun va trouver Dieu dans la tendance synagogale où il croit le trouver.

Nous serons pourtant partisan d'un dialogue, pourquoi ? Car en France, « l'espace communautaire » est plus large que « l'espace religieux ». Pour simplifier, l'on peut affirmer qu'avant l'Émancipation du XVIIIe siècle, le « communautaire » s'identifiait au « religieux ». Mais depuis que l'identité juive a éclaté (dimensions religieuse, sioniste, communautaire,…) et que chaque parcelle s'exprime et se revendique à travers des institutions ou une vie associative spécifique, cette équation ne vaut plus. Un juif peut militer toute sa vie au sein de la communauté, défendre

3. Ce qui ne veut pas dire que sur le plan humain, nous n'ayons pas affaire à des hommes de grande moralité et de grande intelligence.

Israël, envoyer ses enfants dans des colonies juives sans jamais mettre les pieds à la synagogue, sauf peut-être à quelques moments clefs comme une bar mitsva ou le jour de Kippour. Les mouvements de jeunesse, indépendants des instances religieuses, peuvent très bien recevoir des enfants dont le nom « sonne » juif, sans que ce garçon ou cette fille soit juif sur le plan de la *halakha*. Il serait de même inimaginable, dans le paysage français, que les grandes institutions, comme le Consistoire ou le Fonds Social, examinent la judéité de chaque cotisant avant d'accepter son don ou sa cotisation. Ainsi, la communauté au sens large brasse toutes sortes de juifs et même parfois des non-juifs. Une conférence, une soirée dansante, une projection de film peuvent engendrer des rencontres et donc des mariages potentiels. Comme à l'entrée, l'acte de mariage religieux des invités ou de leurs parents n'est pas demandé, « le communautaire » peut devenir problématique pour « le religieux ». Imagine-t-on des délégués d'un tribunal rabbinique à la porte de toutes les manifestations pour enquêter sur l'ascendance juive de chaque convive ?

De facto, nous sommes arrivés dans un temps où le religieux est le « maître de maison » chez lui, mais « simple invité » dans la Communauté. Ainsi, le centre communautaire est-il devenu le lieu de rassemblement « pluri-identitaire » par excellence, alors que la synagogue reste l'espace exclusif de la prière.

Si du point de vue religieux, le judaïsme orthodoxe peut crier à la trahison vis-à-vis des mouvances libérales, comme réciproquement les libéraux peuvent critiquer l'orthodoxie sur son archaïsme, au plan communautaire, toutes ces tendances se trouvent sur le même pied d'égalité, égalité fondée en France sur les principes de la laïcité.

Une collaboration ?

Bien sûr, il faut être réaliste, la reconnaissance des actes religieux du monde libéral par l'orthodoxie n'est pas pour demain. Est-ce à dire que toute collaboration soit impossible ? N'existe-t-il pas des espaces où la rencontre pourrait se faire, où une connaissance mutuelle préparerait un regard plus positif sur l'autre ? À mon humble avis, on ne peut condamner aveuglément toutes les tendances libérales. Car ils ont d'abord le mérite de maintenir des juifs « objectifs » (c'est-à-dire dont la mère est juive, conformément à la loi) dans le giron de la communauté. Et si ces juifs sont là, c'est qu'ils se sentent mieux ici qu'ailleurs, car l'accueil et la convivialité sont particulièrement soignés. D'autre part, de nombreux « convertis » à cette tendance font preuve d'un engagement sur le plan de l'étude, de la prière et des bonnes actions, qui sont comme dit le traité des Pères « les trois piliers du monde ». Les enfants issus de ces unions se sentent totalement juifs, en tout cas aussi juifs qu'un adolescent moyen d'une communauté traditionnelle. Que le rite soit édulcoré ne change rien au fait que l'on s'adresse au Dieu d'Abraham, d'Isaac et de Jacob, que la synagogue reste un lieu de ferveur et que la lutte contre la déjudaïsation est incontestable.

L'espace de rencontre pourrait justement être la maison d'Étude, la maison de Prière et la cité où toute cette ferveur mise en commun pourrait servir à maintenir la mémoire de la Shoah, à rester vigilant ensemble face à l'antisémitisme, à préserver les valeurs républicaines qui garantissent la liberté du culte, et à transmettre aux nouvelles générations un message militant. Ce serait là des petits pas qui feraient du bien à toute la Maison d'Israël, sans remettre en cause les principes religieux des uns et des autres. À l'heure où le dialogue inter-religieux se développe, est-il si utopique de croire au dialogue « judéo-juif » ?

4- La jeunesse

La modernité a créé un nouveau rapport entre les générations. La communauté juive mondiale n'est pas épargnée, dans la mesure où la grande majorité de sa jeunesse est totalement baignée dans la culture occidentale, hautement normative. Dans le flot médiatique contemporain, nombreux sont les adolescents qui préfèrent écouter « religieusement » le concert d'une grande *star* du *show biz*, que d'aller au « concert » synagogal du samedi matin. Tant qu'il s'est agi de transmettre les valeurs juives dans le cadre fermé du ghetto tout se passait à peu près naturellement, mais quand la communauté s'est ouverte vers l'extérieur, les jeunes ont revendiqué leur autonomie, parfois pour abandonner leur identité, mais parfois aussi pour dynamiser la collectivité.

L'on parle pourtant d'un retour au religieux, qu'en est-il réellement ? À mon sens, il s'agit d'être méfiant à l'égard des slogans journalistiques qui transforment souvent les détails en généralités. Il est indéniable que nous assistons en France à un regain d'intérêt pour le judaïsme. Ce regain peut s'exprimer par un souci de connaissances, par une participation communautaire (pouvant aller jusqu'à une prise de responsabilité) ou par une pratique religieuse plus pointue. Mais il faut tenir compte des lieux. Dans l'Hexagone, où vivent environ 600 000 juifs, où se trouvent les communautés actives ? À Paris, dans sa région et dans les grandes villes. C'est parce que le taux de la population juive est élevé (env. 350 000 en Île de France) que l'engagement paraît important (ouvertures de synagogues, restaurants et boucheries *kasher*, écoles juives,…), mais ce retour – qu'il faut apprécier cinquante ans après la Shoa – ne doit pas occulter le fait que des communautés s'éteignent en Province et que des familles disparaissent même à Paris, faute de rabbins ou de dirigeants compétents, ou par choix personnel. C'est pourquoi globalement le pourcentage de juifs qui fréquentent la communauté (ce qui ne veut pas dire qu'ils soient « religieux » *stricto sensu*) est environ de 10 % pour tout le territoire. Ce qui est vrai au niveau des adultes est vrai au niveau des jeunes. Si une partie fréquente la synagogue et/ou la communauté (mouvements de jeunesse, structures étudiantes), et/ou les cercles d'étude (en sachant qu'une option n'implique pas l'autre), la majorité reste en dehors.

Ces remarques étant posées, comment expliquer ce retour, et pour certains cette adhésion à l'ultra-orthodoxie (notamment, vers le mouvement Loubavitch, la tendance lituanienne ou les cercles de Kabbale) ? Nous avancerons deux réponses.

Tout d'abord l'incapacité de la société de consommation à donner des réponses satisfaisantes sur le plan existentiel ou spirituel aux hommes de notre temps. Comme le souligne le sociologue

Jean Baudrillard, nos contemporains consacrent, indépendamment de leurs revenus, une part importante de leurs biens à des activités non-essentielles en soi (télévision, voiture, loisirs, etc.) qui deviennent des signes de prestige aux yeux de l'entourage. Par là, la société de consommation a réalisé un glissement : les valeurs traditionnelles comme le respect, la famille, le rapport à la mort ont été remplacées par de nouvelles comme l'efficacité, la performance, le plaisir. Notre monde se présente ainsi comme un vaste réseau de signes, « le signe étant l'apogée de la marchandise[4]. » Face à ce culte des signes-marchandises, le jeune juif occidental (parce qu'il est jeune et occidental d'abord) va en chercher de nouveaux, plus parlants pour l'intériorité de l'être, et qu'il trouvera dans sa propre mémoire, en découvrant notamment la pratique des *mitsvoth*.

Ajoutons, car l'argument n'est pas anodin, que le judaïsme contemporain possède lui aussi son lot de maîtres charismatiques qui exercent une emprise certaine sur ces jeunes en quête spirituelle. Tout dépendra alors de la qualité de ces guides qui pourront tout aussi bien ouvrir l'esprit de leurs jeunes fidèles, comme ils pourront les abrutir par de fausses valeurs. Si après guerre, l'école d'Orsay[5] forma de nouveaux cadres communautaires en optant pour une solution judéo-française, où la *Yéchiva* côtoyait l'Université, cette conception semble reléguée au musée, face à l'orthodoxie qui occupe pleinement le devant de la scène.

La deuxième raison de ce Retour est, à nos yeux, liée au conflit des générations. Après la seconde guerre mondiale, le judaïsme français était moribond. L'arrivée massive des juifs d'Afrique du Nord, dans les années 60, redynamisa alors la communauté. Nombreuses furent les familles qui s'investirent dans la réussite professionnelle et matérielle, après l'exode et les années de pain noir. Pour la majorité, la religion était un à-côté. Les plus optimistes pensaient qu'elle se transmettrait naturellement comme

4. *Pour une Critique de l'économie politique du signe.*

5. École qui fonctionna essentiellement sous la direction de Léon Askénazi et qui forma toute une élite d'intellectuels. Cf. Revue *Pardès* 23 : *L'École de pensée juive de Paris*. Ed. In Press.

dans les pays du Maghreb. Devant les questions de la nouvelle génération née en Métropole, ce traditionalisme sincère, mais ignorant, ne put être à la hauteur, les enfants allèrent chercher ailleurs, et notamment dans les milieux piétistes qui depuis le XVIIIe siècle avaient solidement maintenu l'esprit talmudique et la pratique rituelle. Malheureusement, ce retour vers l'ultra-orthodoxie entraîne parfois de véritables déchirures au sein des synagogues ou des familles par excès de zèle, et les rabbins de ces obédiences devraient autant encourager les bonnes intentions, qu'apprendre aux repentants à maîtriser leur fougue religieuse.

L'école juive

Curieusement, l'école juive n'est pas un facteur encourageant de retour au religieux. Les faits prouvent qu'elle est davantage un facteur de développement communautaire et identitaire qu'un tremplin d'engagement orthopraxe. En effet, qui dit école juive dit familles juives, celles-ci pour des raisons de commodité choisiront de s'installer autour du centre éducatif. Certains établissements scolaires ont d'ailleurs été à l'origine de la création ou du développement de communautés, comme celle du XIXe arrondissement de Paris (école Lucien de Hirsch) ou celle de Boulogne-Billancourt dans les Hauts-de-Seine.

Ainsi, mis à part les réseaux ultra-orthodoxes qui réalisent des structures éducatives, d'abord pour leurs propres adhérents, les écoles juives ne produisent pas une adhésion massive à la pratique. Ayant enseigné quelque dix années dans ce type de lycée, j'ai toujours entendu la majorité de mes élèves répondre : « je respecte un peu Chabath » (la plupart ne fréquentaient pas l'office du samedi matin) ou « je mange un peu *kasher* », ce qui veut dire qu'ils aménagent la religion en fonction de leurs loisirs et de leurs convictions. En Terminale, j'ai même rencontré des étudiants qui avaient des comptes non réglés avec la religion. Il est par contre certain que l'école juive permet une forte identification identitaire. Vivant dans « un cocon », les jeunes se sentent « naturellement » juifs (attachement à Israël, conscience religieuse générale, et parfois mode vestimentaire spécifique, *chalala*).

Certes, l'école juive propose une connaissance juive (Bible, Talmud,...), mais souvent déconnectée du vécu et des préoccupations des jeunes. L'école pourrait proposer une solution pour réconcilier les générations, à condition de repenser les programmes des matières juives (le *kodech*), parents pauvres et bien maltraités par les élèves (« on ne présente pas la Torah au bac, n'est-ce pas ! »), et d'exprimer la Torah dans leur langage. Pour parler du Sida, il faut parfois le courage de quelques enseignants, bravant des collègues qui soutiendront dur comme fer que ce n'est pas là une affaire juive. La dichotomie est si forte entre les normes occidentales et les normes juives que souvent l'école juive devient une école pour juifs, dans laquelle les enfants sont inscrits d'abord pour être protégés contre la dégradation des mœurs, la drogue ou la violence des autres établissements; ce qui est, reconnaissons-le, un bon point pour le système privé confessionnel.

Nous touchons là le véritable défi de l'école juive : à quoi sert l'école juive ? Quel type de juifs en sortira et pour quelle communauté ? Comment faire parler les textes traditionnels dans le langage de la jeunesse ? Comment ouvrir l'esprit des enfants aux nouveaux défis philosophiques, religieux, sociologiques, scientifiques de notre temps, en puisant aux sources juives ? Cette « mise à part » ne devrait-elle pas permettre une plus grande ouverture aux réalités sociales, comme elle devrait suggérer des vocations militantes pour la Communauté de demain ? La dialectique entre religieux et civil, entre particularisme et universalisme, entre repli et ouverture, devrait, dans le plus pur esprit judaïque, fonctionner en complémentarité. Seuls des directeurs et des enseignants sensibles à cette problématique pourront faire bouger les choses, tant il est vrai que le judaïsme a plus besoin aujourd'hui d'une pensée forte sur lui-même que de bondieuseries du Père Fouettard.

Les mouvements de jeunesse

Si l'école juive maintient un certain cadre normatif, l'école laïque n'est pas obligatoirement la porte de l'assimilation. Combien de responsables et même de rabbins ont marché sur les traces de Jules Ferry ? Bien sûr, cela implique un espace pour préserver les valeurs traditionnelles, car une identité minoritaire ne peut perdurer que par un esprit militant. Cet espace est *a priori* la famille, mais le mouvement de jeunesse peut être d'une aide précieuse. Pendant et après la dernière guerre, les Éclaireurs et Éclaireuses Israélites de France ont joué un rôle majeur dans la sauvegarde de la communauté. Dans les années 60, avec l'arrivée des juifs d'Afrique du Nord, ces mouvements, bien avant le grand *boom* de l'école privée, ont permis à des couples de se constituer et à des jeunes de ne pas se déjudaïser. Qu'il nous soit permis de souligner ici l'œuvre de qualité réalisée par les mouvements de jeunes ou d'étudiants que nous côtoyons régulièrement. Acteurs discrets, ils n'ont que plus de mérite dans leur travail de fourmis, et méritent les encouragements des institutions.

Certes, depuis les années 80, avec le triomphe de l'individualisme, le militantisme s'affaiblit. Pourtant, nous restons persuadé qu'un programme éducatif bien pensé, à la mode du temps, permettrait de créer cet espace autonome, ce lieu de découverte des autres, du monde, d'apprentissage de la vie et de gestion de la liberté. Le Talmud-Torah, qui prépare les enfants à la bar mitsva, pourrait jouer ce rôle de formateur de cadres, à condition de maintenir les enfants après la date fatidique des 13 ans, car généralement après la cérémonie, on ne voit plus personne. Or, c'est justement après 13 ans, quand l'adolescent commence à réfléchir, que ce type de travail serait positif. Chaque communauté se doit de penser à la manière de fidéliser ses jeunes dans un esprit ouvert, tolérant, sans fanatisme ni esprit de ghetto, sinon déçus, ils s'en iront ailleurs, peut-être pour ne plus revenir.

L'esprit communautaire

N'oublions pas que s'il existe des jeunes qui restent dans la communauté ou qui redécouvrent leur identité, ceux qui partent sont majoritaires. Et même vis-à-vis de ceux qui reviennent, il convient de savoir à quel type de judaïsme ils adhèrent : ne deviennent-ils pas trop sectaires, trop intolérants vis-à-vis des juifs qui ne pratiquent pas, ou vis-à-vis du monde non-juif ?

C'est pourquoi nous avons toujours défendu l'idée que l'esprit religieux devait se développer en harmonie avec l'esprit communautaire. La communauté, à travers son centre d'animation[6] se doit de rester pluraliste. En particulier, afin de fidéliser les jeunes, en leur offrant du culturel : des films, des soirées-dansantes, du karaoké, mais aussi du sport, des sorties, des vacances, dialogue avec des jeunes d'autres confessions, la liste n'étant pas exhaustive. Malheureusement, l'on rencontre souvent l'hostilité de certains religieux qui s'opposent catégoriquement à ce que des garçons et des filles se côtoient, chantent et dansent ensemble, et qui plus est, dans un centre juif. Ce genre de compromis est à leurs yeux inacceptable. Pourtant combien de couples se sont formés lors de bals ou de soirées, avant de devenir des militants dont la communauté est fière. Il ne sert à rien de se lamenter sur l'assimilation, la déjudaïsation et de multiplier les prières pour voir un miracle tomber du ciel. L'histoire juive, et la Shoah en est la tragique confirmation, se construit surtout par « un réveil d'en bas ».

Ces propositions de loisirs n'impliquent pas une négation du religieux ou de l'autorité rabbinique, elles tiennent compte des réalités et offrent un large éventail d'activités qui pourraient maintenir dans le giron communautaire les plus stricts et les plus souples. À la limite, il suffirait de créer une association culturelle (type 1901), confiée à un conseil d'administration, indépendant de celui de la synagogue, et qui œuvreraient ensemble, puisqu'il en irait de l'avenir de la communauté. Dans ce centre idéal, les cours de Talmud seraient inscrits au programme à côté d'une soirée karaoké, l'office religieux du Chabath à côté de conférences, etc. Le jeune, rassuré de ne pas se faire piéger par le religieux, viendrait aux activités de son choix, et renforcerait sa propre identité dans cet espace juif. Malheureusement, si l'esprit obtus et suspicieux l'emporte cela

6. C'est le cas de nombreuses communautés de banlieue et de province qui dans les années 70, ont construit des complexes, parfois imposants, « synagogue-centre communautaire », constatant que le religieux n'était pas attractif pour tous et qu'il fallait proposer du culturel à côté du cultuel.

sera dommageable pour la communauté et pour la cité, le judaïsme risquant de se replier en mouvance sectaire.

5- La femme

Tant que la famille juive a fonctionné selon le modèle biblique de la répartition des tâches (équitable pour l'époque, discutée aujourd'hui) à savoir : la femme au travail de l'accouchement et de l'éducation, le mari au travail des champs, la tradition se transmettait de mère à fille et le savoir de père à fils, sans problème majeur. Avec les revendications féministes du XXe siècle, la communauté juive a été touchée comme la société, et certaines (certains aussi) voudraient bien voir les choses bouger. En fait, la question se pose aujourd'hui en termes de pouvoir. Or, tout pouvoir commence par la connaissance et se poursuit par l'action.

La femme et l'étude

Quand nous parlons de connaissance, nous parlons d'un accès libre à tous les textes : Bible, Talmud, Kabbale, Midrash sans la moindre restriction. Si l'on admet que la femme peut étudier les Prophètes, mais non une page de Talmud, alors on ne peut parler de libre accès à l'étude. Pour des raisons pratiques (la femme occupée à la maison n'avait pas le temps d'étudier) et en s'appuyant aussi sur l'avis d'un rabbin, rabbi Eliézer[7] qui enseigne : « Quiconque apprend la Torah à sa fille, c'est comme s'il lui enseignait des futilités ». (Traité *Sota* 20 a), les femmes se sont retrouvées exclues de cette connaissance. Objectivement, la situation sociale et les mentalités ont changé. Bien sûr, il ne s'agit pas d'obliger les filles et les femmes à suivre des cours de Talmud, mais de permettre aux femmes qui en font la demande dans les centres communautaires ou dans les synagogues, de s'instruire comme les hommes. Il y aurait même urgence à répondre positivement à ce désir, car la transmission mère/fille ne se fait plus

7. Propos contraire à celui de son condisciple Ben Azaï qui soutient que c'est un devoir religieux d'enseigner la Torah à sa fille.

aussi naturellement qu'avant. Jadis, les familles juives vivaient dans le même espace, les unes influençaient les autres, actuellement seules des connaissances solides pourraient compenser la perte, et là l'homme et la femme devraient avoir les mêmes droits.

Responsabilités communautaires

Second point, la place de la femme dans la direction de la communauté. Il y a quatre ans, un vote historique eut lieu au sein du Consistoire de Paris, la plus grande association juive de France, il s'agissait d'élire les nouveaux membres du conseil d'administration. Aux cinq premières places, quatre femmes furent élues. Au départ, le Rabbinat s'opposa à leurs inscriptions, argumentant que cela ne se faisait pas, mais après le vote tout le monde se félicita d'une telle décision. Or, qui furent les électeurs ? Essentiellement des hommes, fidèles de synagogue, que l'on pourrait placer dans la catégorie des religieux traditionnels. Autrement dit la base avait parlé.

La société juive a longtemps fonctionné sur un mode « patriarcal ». Aujourd'hui, la femme occupe des responsabilités, se situe dans l'arène politique, économique, scientifique. Bien sûr, ce débat dépasse de loin la seule communauté juive, il touche à la très vieille « guerre des sexes » (aurons-nous, par exemple un jour en France une femme « Présidente » de la République ?).

En tout cas, l'honneur de la communauté serait de donner à tous ceux et celles qui veulent s'investir les possibilités d'exprimer leur bonne volonté, et si certaines possèdent la compétence et cette bonne volonté d'occuper des postes clefs pourquoi les empêcher de mettre à profit ces dons du ciel ?

6- Le dialogue laïcs - religieux

Nous voudrions terminer par ce thème, car à nos yeux il englobe tous les autres défis. De ce dialogue dépend en effet, le regard porté sur la jeunesse, sur la femme, les autres religions ou le monde séculier. Mais avant d'en entreprendre l'analyse, il est important de faire quelques remarques de vocabulaire. Nous écrivons et nous

nous exprimons en français, il est donc évident que notre langage est teinté de nos concepts culturels. Or, l'hébreu ne connaît ni le mot « laïc », ni le mot « religieux », qui ont fait leur entrée dans le dictionnaire hébraïque par mimétisme de la société occidentale. Quand nous disons que l'hébreu ne connaît pas ces deux termes, cela signifie que cette dichotomie lui est étrangère. Ainsi un rabbin peut être considéré comme un « laïc » possédant le savoir traditionnel, comme un fonctionnaire d'État peut être en même temps un « religieux ». Dans la conscience hébraïque, chaque membre d'Israël est appelé à garder les préceptes qui le concernent, et c'est pourquoi l'expression rabbinique consacrée est *chomer mitsvoth*, « gardien des commandements ». Cette remarque nous paraît fondamentale, car on présente souvent le conflit laïcs-religieux en Israël ou en Diaspora comme un conflit entre ceux qui respectent la Torah et ceux qui ne la respectent pas. Le conflit est plus nuancé que cela. Ainsi, dans le camp des « laïcs » vous pouvez avoir des gens qui croient en Dieu et même qui respectent la Torah (Hannah Arendt, qui ne se distingua pas par son zèle religieux, lança à un journaliste israélien qui avait rejeté la religion : « Mais alors en quoi restez-vous juif ? »), et dans le camp des « religieux » vous trouverez des hommes de peu de moralité, usant de procédés peu « orthodoxes ». À notre sens, la vraie question se situe autour du sens du sionisme politique, et donc de la liberté du peuple juif à assumer son destin face à Dieu et aux peuples. Pour bien comprendre le problème revenons à l'époque de l'Émancipation du XVIIIe siècle, quand le ghetto s'est ouvert sur le monde séculier.

À l'origine de la fracture

Après l'Émancipation, plusieurs tendances se révélèrent qui sommeillaient déjà dans la communauté. Schématiquement, il y eut les Assimilationnistes qui voulurent entrer de plain-pied dans la société (certains allant jusqu'à la conversion au christianisme), les Traditionalistes qui considéraient qu'il fallait trouver un équilibre entre vie civile et vie religieuse (ce fut l'option par exemple du Consistoire), les Libéraux qui voulurent adapter le rite à la

Modernité, et les Orthodoxes qui refusaient de sortir du ghetto, de peur d'être engloutis par la culture occidentale. Mise à part la première tendance qui choisit la désertion à plus ou moins long terme, les trois autres voies restèrent finalement des expressions religieuses à l'intérieur d'une structure civile non-juive. Tout bascula, le jour où les juifs décidèrent de monter en masse pour « créer un foyer national juif en Palestine », c'est-à-dire après l'affaire Dreyfus et l'action de Théodor Herzl.

Il faut bien saisir l'énormité du phénomène. Pendant deux mille ans, le judaïsme n'était que l'expression de la foi des Pharisiens via la Babylonie. Et tout individu qui rejetait cette conception disparaissait en tant que juif. Cette foi pharisienne s'exprimait par « l'acceptation du joug de la royauté des cieux » et donc par la pratique des *mitsvoth*. Mais cette foi s'exprimait également dans l'attente d'un Messie miraculeux qui délivrerait, à l'instar de Moïse, le peuple d'Israël, comparé à un agneau perdu au milieu des nations. Les souffrances endurées par les juifs n'étaient que la punition de Dieu pour leur infidélité à la pratique religieuse, dans le meilleur des cas, des épreuves d'amour qu'il fallait accepter pour « la sanctification du Nom ». Il faut lire dans les textes liturgiques, avec quelle abnégation exemplaire, avec quelle foi extraordinaire, avec quelle ferveur sans borne, des communautés entières acceptèrent ce terrible « doigt de Dieu » après les Croisades, l'Inquisition ou les terribles pogroms. Encore aujourd'hui, dans des synagogues orthodoxes, des rabbins annoncent que la Shoah fut une punition divine. Bien que ce discours fasse scandale, il nous faut admettre que le monde religieux ne peut dire autre chose. Il fonctionne mentalement selon l'esprit talmudique véhiculé durant vingt siècles, qui fonde un rapport de causalité entre le bonheur et la pratique adéquate des *mitsvoth*. Et voilà qu'au début du XXe siècle, et après la Shoah avec l'accord de l'ONU, le peuple juif, sans la moindre intervention divine, sans la présence d'un nouveau Moïse, a décidé de se reconstituer en nation sur sa terre ancestrale.

À nos yeux, ce retour du peuple juif sur sa terre a fondamentalement remis en cause le discours orthodoxe, dans l'exacte mesure où il remit en cause l'Église. Que disait cette dernière, si ce n'est que la Synagogue souffrait de son aveuglement ? Que disait l'orthodoxie si ce n'est qu'Israël souffrait de son infidélité ?

Voilà bien le point de fracture entre « laïcs » et « religieux ». D'un côté, des juifs pensent que le peuple juif doit user pleinement de sa liberté à disposer de lui-même, cette pensée pouvant être justifiée au nom de la politique, de l'Histoire, et même au nom de la religion. Et bien qu'au fond rien ne prouve que Dieu soit pour ou contre le sionisme, l'on considérera que le miracle de la survie d'un petit État au milieu d'ennemis plus nombreux est la preuve de sa présence cachée. D'un autre côté, des orthodoxes sont partagés entre des radicaux qui diagnostiquent le sionisme politique comme un blasphème (les ultra-orthodoxes de Jérusalem) et ceux qui, sans accepter le principe d'un État juif, essayent de profiter de la situation pour développer des réseaux d'étude.

En fait, ce que l'on nomme « conflit laïcs-religieux » est avant tout une querelle sur la perception de l'Histoire, qui est pour le judaïsme une question essentiellement religieuse (même les athées se situent face à Dieu[8]). Si le Messie doit venir uniquement par l'accomplissement des commandements, alors toute action profane est condamnable. Mais si le Messie doit venir par la préparation d'une société humaine, où l'éthique et le politique seraient en harmonie, alors le profane est sanctifié et la faute serait de refuser d'assumer sa citoyenneté. Pour le dire autrement, ou l'histoire juive se vit hors de l'Histoire, dans une attente sincère, fervente mais passive de la délivrance, avec l'idée d'une existence juive suspendue, arrêtée dans le temps (l'habit noir du XVIIIe siècle en étant le signe extérieur), ou elle se construit dans une normalisation étatique, alors et alors seulement se pose la question du respect de la religion au sein d'une société humaine.

8. Cela ne veut pas dire que la majorité des Israéliens soient athées. Selon un sondage (1994), 79 % de la population israélienne respectent le jeûne de Kippour et 57 % croient que Dieu a donné la Torah au Sinaï.

La circoncision des cœurs

La difficulté provient de ce qu'il existe là deux niveaux de perception de la réalité. Dès lors, sur quelle base fonder le dialogue ? C'est comme si deux peuples se côtoyaient à l'intérieur d'un même espace géographique. En Diaspora, la situation n'est pas plus simple, à ceux qui revendiquent une identité historique, communautaire, les autres répondent par une identité religieuse ou spirituelle. Y aurait-il une solution ?

Il serait à nos yeux nécessaire que chaque protagoniste fasse un pas vers l'autre. Que l'orthodoxe accepte la volonté de normalisation du peuple juif comme non blasphématoire, et que les non-religieux acceptent la Torah comme constituant incontournable de l'identité juive. Malheureusement, la tendance laïque est devenue de plus en plus extrémiste et l'attitude de certains religieux n'arrange rien. Les discours de part et d'autre sont souvent l'expression de haines fratricides. La tentative de normalisation du peuple juif offre des situations jusqu'au-boutistes qui s'accompagnent du rejet des bases religieuses de son identité, alors que de l'autre côté quelques autorités rabbiniques poussent la ritualisation au-delà du raisonnable.

Depuis 1948, une chance a été donnée au peuple juif de renouer avec son histoire et aussi avec sa Torah. Les « laïcs » ont des questions légitimes, des questions du temps présent, les « religieux » possèdent des réponses formulées dans le langage de la Bible, du Talmud, du Midrash, le défi du dialogue doit être d'abord celui d'une mise à niveau et d'une écoute mutuelle. Cela implique de la part du père, de celui qui possède la loi, ici « les religieux » un effort d'imagination, d'interprétation, ainsi qu'une sortie de soi-même fondée sur l'humilité et l'amour gratuit de l'autre, afin de ne pas compromettre les chances d'une rencontre qui pour les prophètes était le signe avant-coureur du « Jour de l'Eternel ».

Heureusement des rencontres commencent à voir le jour, dans les milieux étudiants et dans quelques associations, animées par de bonnes volontés. Espérons qu'elles augureront une meilleure compréhension, car le juif a autant besoin de sa terre qu'il a besoin de son ciel.

L'enseignement du Rav Kook

Nous terminerons ce sujet en citant un maître, Abraham Isaac Hacohen Kook (1865-1935) qui fut le premier grand rabbin d'Israël. Bien qu'ayant étudié dans les lieux les plus orthodoxes, et qu'il fût une sommité tant sur le plan talmudique que kabbaliste, il diagnostiqua au début du siècle qu'il fallait réformer les méthodes d'enseignement afin de répondre aux questions de la nouvelle génération.

« Notre génération est une génération extraordinaire, tout ce qui la concerne suscite l'étonnement et dans toute l'histoire, il est difficile d'en trouver de similaire. Elle est une synthèse des contraires. La bassesse et la perversité y côtoient la grandeur et la dignité... C'est une génération "entièrement coupable et entièrement innocente"... La grande partie de notre génération n'a aucun respect envers ses valeurs traditionnelles, non parce qu'elle est mauvaise, ou même inférieure à ceux qui observent par habitude, mais au contraire parce qu'elle a dépassé les conceptions par lesquelles le monde considérait jusqu'alors la Torah, la loi et les usages, la tradition, la foi, et d'une façon générale le pur et le sacré... La cause en est la faiblesse du monde religieux actuel dans l'effort pour étudier les bases de la croyance et de la spiritualité de la Torah : "Hélas, comme l'or est terni, et altéré le métal précieux" au point qu'il semble à la jeune génération que les valeurs de la Torah soient bien inférieures aux siennes... La Torah ne peut être réduite perpétuellement à l'étude de la jurisprudence. Son contenu spirituel, dans toute son étendue, sa profondeur, sa richesse doit forcément aussi trouver sa place... Le Midrash, la philosophie, les profondeurs de la Kabbale, la Morale, la Poésie, ainsi que les écrits des maîtres de chaque génération, doivent être étudiés. Bien qu'il soit impossible de leur consacrer autant de temps et de recherche qu'à la jurisprudence et aux deux Talmud, aux écrits juridiques des sages du Moyen Age et des temps modernes, il reste qu'il est totalement impossible, à notre époque et surtout en Israël, de négliger ces textes de haute spiritualité et de les empêcher d'occuper une place capitale. Ceci est la nouveauté de notre génération... Le but à atteindre est de faire connaître et de diffuser la richesse spirituelle de la Torah, d'élever l'étude de la croyance et de la pensée. Chaque progrès dans cette direction procurera une amélioration de l'état du malade. Mais malheur à nous si nous ne sommes pas capables d'éviter que certains ne voient qu'un tissu de détails minimes et insignifiants dans notre jurisprudence, si nous ne parvenons pas à faire ressentir cette richesse spirituelle et cette grandeur. “Ils n'ont vu dans les paroles de l'Eternel que loi sur loi, précepte sur précepte, règle sur règle, ordre sur ordre, vétille sur vétille” (Isaïe XXVIII, 11)… Soit par esprit obtus et manque de confiance, soit par orgueil et ignorance, certains persistent à penser que la grandeur de la Torah dépend uniquement d'une méthode étroite et desséchée, méthode pourtant incapable de défendre efficacement nos positions face aux questions des civilisations ou des diverses doctrines philosophiques… »

Au fond, l'interprétation du Livre de Dieu est au cœur du judaïsme, car elle est au cœur même de sa survie. Et même quand le juif se rebelle contre Dieu, il est encore avec Lui.

Conclusion

— Rabbi, le renard a mangé cette nuit cinq poulets, aurais-tu une prière ?

— Récite le psaume 24, mon fils.

Le lendemain.

— Rabbi, le renard m'a mangé encore trois poulets, aurais-tu une autre prière ?

— Récite le psaume 119.

Le lendemain.

— Rabbi, le renard m'a mangé encore sept poulets, aurais-tu une autre prière ?

— Mon fils, j'ai encore beaucoup de prières, la vraie question est de savoir s'il te reste encore beaucoup de poulets ?

Histoire juive classique

Index alphabétique des auteurs et des citations

N

O

P

R

S

T

Y

Z

Du même auteur

Ces Hommes qui parlaient, Laurens, 1997.

Les rendez-vous de Dieu, Biblieurope, 1998.

Yona, le prophète malgré lui (théâtre), 1999.

La Kasherouth ou la diète éthique, Biblieurope, 1999.

Épreuves d'espérance, Acte Sud, 2000.

Dans la même collection

– *L'épopée du catholicisme*
Pour expliquer 2000 ans d'Église à mes amis
MICHÈLE JARTON, préface du CARDINAL GANTIN

– *Le Renouveau Religieux*
De la quête de soi au fanatisme
sous la direction d'ALAIN HOUZIAUX

– *Bouddhisme et christianisme*
Parcours et enseignements croisés
ANTONY FERNANDO

– *Les écrivains face à Dieu*
Hugo, Dostoïevski, Péguy, Saint-Exupéry, Simone Weil, Camus, Christian Bobin...
sous la direction d'ALAIN HOUZIAUX

Achevé d'imprimer en juin 2003
sur les presses de la Nouvelle Imprimerie Laballery
58500 Clamecy
Dépôt légal : juin 2003
Numéro d'impression : 306030

Imprimé en France